ヘーゲル哲学に学ぶ
考え抜く力

川瀬和也

光文社新書

はじめに　哲学を学んで何の役に立つのか？

いま、哲学がアツい？

いま、静かな「哲学ブーム」が起こっている。

書店のビジネス書コーナーに、哲学に関する本がやけに増えている。しかもそれらの本には、『使える哲学』『武器になる哲学』といった、「難解で役に立たない」という哲学のイメージを打ち砕くようなタイトルがつけられている。[1] 単に高尚なお勉強として哲学を学ぶので

1　この種の書籍は玉石混淆であり、それらに対する学問の側からの反応も否定的なものから肯定的なものまで様々である。稲岡大志「「ポピュラー哲学」で哲学するためのブックガイド」（『フィルカル』Vol. 4、No. 1、二〇一九年、一八-四六頁）ではこうした多様な動向が「ポピュラー哲学」としてまとめられている。

はなく、ビジネスの現場で役立てられるようなヒントを哲学から引き出そうという関心が高まっている。

必ずしもビジネスの枠にとらわれない、「生き方」全般のヒントをくれるものとしての哲学への関心も、いっそう高まっているように感じられる。『超訳　ニーチェの言葉』という書籍が、一種の自己啓発本としてヒットしたのも記憶に新しい。『ハローキティのニーチェ』など、キャラクターと哲学者・哲学書を組み合わせて解説するシリーズや、哲学をマンガで解説する書籍なども増えている。これまでの哲学書の読者層とは違った人たちにまで、哲学が求められるようになっているということだろう。

テレビでも、さすがに民放ではあまり多くないが、NHKでは哲学をテーマにした番組が以前に増して多く放送されるようになっている。伊集院光のナビゲートでヒット番組となった「100分 de 名著」では、しばしば哲学書が取り上げられている。マルクス・ガブリエルのような最近の若い哲学者を特集した番組もしばしば放送される。また、少し古くなるが、二〇一〇年の「ハーバード白熱教室」では、マイケル・サンデルという哲学者による正義についての講義が放送され、社会現象にも近い盛り上がりを見せた。

社会の混迷と哲学

哲学への関心の高まりは、世界が先の見えない混沌とした時代に突入しつつあることと無関係ではないだろう。

二〇二〇年代になり、日経平均株価が一時的に三万円を回復してもなお、「失われた三十年」から日本が抜け出したという実感を持つ者は少ない。東日本大震災や相次ぐ水害、新型コロナウイスルのパンデミックなど、増え続ける天災もまた、社会全体の混迷に拍車をかけている。国際関係に目を向けてみても、中国が政治的・経済的に存在感を増す中で、日本は特に難しい舵取りを迫られている。アメリカでは社会の分断がしばしば指摘され、二〇二〇年の大統領選挙では、「分断から団結へ」が、勝利したバイデン陣営のキャッチフレーズとなった。ヨーロッパ、東南アジア、中東、アフリカ、南アメリカ等、世界のどこに目を向けても、政情が安定している地域を探す方が難しいほどである。

混沌とした社会の中で、哲学という「そもそも論」に立ち返ろうとする流れは必然でもあるだろう。これまで通用していたやり方が通用しなくなったとき、私たちは、より根本に立ち戻って思考することを求められる。これはビジネスであろうと、私生活であろうと変わらない。こうしたことが、現在の「哲学ブーム」の背景にある。

社会をよくするための哲学

混迷を深める世界の中で、ポジティブに社会を変えていこうとする流れがあることも、現代の特徴であろう。国家・企業・個人に環境問題や人道上の問題などへの対応を促す「ＳＤＧｓ」（＝持続可能な開発目標）という言葉は、ビジネスシーンのみならず、人々の日常生活にも浸透しつつある。

「脱炭素社会」への移行は、各国で政策の柱となっている。気候変動への対応を求める環境活動家、グレタ・トゥーンベリの名前も、メディアで一躍有名となった。ガソリン車から電気自動車（ＥＶ）への移行も強力に推進され、ガソリン車の新車販売を規制・禁止しようとする動きも広まっている。代表的な電気自動車メーカーであるテスラの創業者イーロン・マスクは、次世代のカリスマ経営者として、ビジネスの分野でも注目を集めている。動物福祉（アニマル・ウェルフェア）を重視する動きも加速しており、植物性のタンパク質から作られた「大豆ミート」等とも言われる「代替肉」が市場に流通し始めている。環境問題や社会問題に、適切なガバナンスを通じて積極的に取り組む企業に資金を集めることを目的とした、「ＥＳＧ投資」や「エシカル投資」という考え方も登場している。「エシカル」とは ethical、すなわち「倫理的」という意味である。

哲学・倫理学も、こうした社会の流れと深く関わっている。気候変動や動物福祉の問題は、古来、倫理学のテーマであった「正義」の問題と結びつく。気候変動は、現在の世代と、我々の子孫にあたる未来世代の間の公平・公正をどのように考えるかという問題でもある。動物福祉は、人間以外の動物に対する倫理的配慮をどう考えるかという問題に関わる。

また、AIやビッグデータの活用など、新たな技術を社会の中に実装していく際には、技術的な問題だけでなく、様々な倫理的問題が生じる。例えば、ビッグデータを活用する際に、個人のプライバシーが脅かされないようにするためには、どのような配慮が必要か、といったことが問題になる。このような倫理的・法的・社会的課題は、ELSI（Ethical, Legal and Social Issues、エルシー）と総称され、研究機関や企業において、これらの課題に配慮することが求められるようになっている。

SDGsやELSIに関わる問題を解決していくためには、社会に生きる一人一人がこれらを自分自身の問題として受け止めることが必要だ。そして、そのためにも、一人一人に、哲学・倫理学の教養が求められる時代が到来している。こうした、未来をよくするための積極的な取り組みが進んでいることも、昨今の「哲学ブーム」の背景にある。

哲学で磨けるビジネススキル

哲学・倫理学は、激変する社会に対応し、それを改善するための教養として重視されているだけではない。イノベーションを引き起こし、社会の閉塞感を打開するブレイクスルーをもたらすような、個々人のビジネススキルとも、哲学・倫理学は深く関わっている。

イノベーションを引き起こすためには、「アナロジー思考」が重要だとしばしば言われる。アナロジー思考とは、一見すると無関係に思えるものの間に構造的な類比関係（アナロジー）を見出す思考法のことである。この思考法によって全く新たな発想がもたらされ、イノベーションやブレイクスルーが引き起こされる。

哲学を学ぶことは、このアナロジー思考を磨くために役立つ。哲学という学問の目標を一言で言えば、森羅万象についてその本質を捉えることである。哲学の研究対象は、道徳、科学、歴史、宗教から、人間の心理、社会、国家、あるいはより抽象的な「認識そのもの」や「存在そのもの」に至るまで、ありとあらゆるものにわたっている。これらを通覧し、その本質的な構造を見出そうとする哲学の営みは、「究極のアナロジー思考」と言えるのではないだろうか。必ずしも哲学を専門的に研究するつもりのない方々にとっても、哲学を学ぶことは、アナロジー思考を鍛えることにつながるのである。

「アンラーン(Unlearn)」と哲学

哲学はまたしばしば、「常識を疑う学問」だと言われる。このイメージはステレオタイプ的ではあるものの、あながち間違いとも言い切れない。常識的とされているような見解に対して、「どのような前提からそのようなことが言えるのか?」「その前提は本当に正しいのか?」といったことを問い返すことは、哲学の基本だからである。

このような「そもそも論」は、ビジネスのミーティングにおいてはしばしば御法度であると言われる。大学で哲学を教えていると自己紹介すると、哲学者が社会不適合者であるかのような偏見をぶつけられることも残念ながら時々あるが、この偏見も、「そもそも論」という哲学の特徴と結びついているのだろう。

しかし、「そもそも論」は常に悪いわけではない。悪いのは、TPOをわきまえずに常に「そもそも論」ばかり話すことである。場面によっては、「そもそも論」こそが求められることもある。哲学研究はそのような場面の最たるものであるが、ビジネスや教育のシーンにおいても、「そもそも論」が重視されることもある。近年しばしば重要性が指摘される「アンラーン（Unlearn）」という考え方は、このことと深く関わっている。

「アンラーン」とカタカナで書かれたり、「学びほぐし」と訳されたりするこの言葉は、「学び」を意味する「ラーン（learn）」と、それを否定する「アン（un-）」から成っている。これは、自分がそれまでに学んできた前提をいったん忘れて、新たにゼロから学び直すつもりで人の話を聞いたり、本を読んだりすることを指す。凝り固まった思考の枠組みをいったん取り払うことで、自分自身の思考を解放することがアンラーンである。このアンラーンのプロセスは、全く新たな考え方を受け入れて成長するために必要な、新たなビジネススキルとして、近年よく言及されるようになっている。

アンラーンは、前提を疑い検証する「そもそも論」としての哲学研究においても必須のものである。例えば現代哲学において、人の「心」を人工知能によって再現することはできるのか、という問題がしばしば問われる。この問いに取り組む際には、「機械で心を作れるわけがない」という固定観念や、あるいは逆に、「心は脳と同じであり、機械でも作れるに決まっている」といった固定観念をいったん「オフ」にして、そもそも自分や他者がどのような前提のもとに思考しているかを考えることが求められる。

このような哲学探究のプロセスは、ビジネスや教育の場面におけるアンラーンのプロセスと重なる。例えばスマートフォンの登場は、「携帯電話」についてのそれまでの常識を打ち破るものであった。世界中の人々が、通話やメールによる「連絡手段」としてのイメージを「アンラーン」し、インターネット接続やタスク・スケジュールの管理、オンラインゲーム等に活用できる「情報端末」という新たなイメージに移行することを求められた。技術革新のスピードが上がれば上がるほど、このようなことが至る所で生じるようになっている。スムーズな「アンラーン」によって、技術や社会の変化に対応するスキルも、哲学を学ぶことで磨けるはずである。

ゲオルク・ヴィルヘルム・フリードリヒ・ヘーゲル（1770～1831）
Jakob Schlesinger による肖像画

ヘーゲルのプロフィール

さて、話は変わるが、このあたりでそろそろ、本書の主役となる十九世紀ドイツの哲学者、ゲオルク・ヴィルヘルム・フリードリヒ・**ヘーゲル**（Georg Wilhelm Friedrich Hegel）について、簡単に紹介しておこう。

ヘーゲルは、一七七〇年、南ドイツの都市シユトゥットガルトに生まれた。一八〇七年、三十七歳のとき、彼の著作の中で最も有名な『精神現象学』を公刊する。一八一二年から一六年にかけて、知名度では『精神現象学』に劣るが、こちらも重要な『大論理学』という本を三分冊で公刊。晩年には権威あるベルリン大学で総長まで務めている。『歴史哲学講義』『美学講義』といったベルリンでの講義録も有名だ。その後、一八三一年に当時流行していたコレラに罹患して、六十一歳で急死している。

ヘーゲルは、紆余曲折《うよきょくせつ》ありながらも、激動の時代を概ね上手に渡り歩いた人、と言える。近代以後のドイツでは、どちらかというと南の方が田舎で、北の方が都会である。ヘーゲルが生まれたシュトゥットガルトは決して小さな街ではないが、現代の日本に無理になぞらえるなら、福岡あたりの地方都市から少しずつ出世して、最終的に東京に出てきて大成功を収めた、というのがヘーゲルの人生の大まかなストーリーとなろう。このサクセスストーリーにあって、それでも彼の人生が紆余曲折に満ちていたことをわかりやすく示しているのが、生涯における転地の多さである。ヘーゲルは実に八度にわたって、住む場所を変えている。職を求めて各地を転々とする様は、大学予算の削減にあえぐ現代の大学教員を彷彿とさせる。そんな中で最終的にベルリン大学総長にまで上り詰めたヘーゲルは、才能と強運の両方に恵まれていたと言えるだろう。

もう一つ、ヘーゲルの人生を語る上で欠かすことができないのが、彼が生きた時代背景である。一七七〇年から一八三一年までの生涯における世界史上の大事件と言われれば、歴史に詳しい方ならピンとくるだろう。フランス大革命とナポレオン戦争がそれである。一七八九年のバスティーユ襲撃、それに続く国王ルイ十六世の処刑と恐怖政治、一八〇四年の皇帝ナポレオンの戴冠、ナポレオン失脚後の各国の処遇が決められた一八一四年のウィーン会議まで、フランス革命後の戦乱の時代が、ヘーゲルの生涯にすっぽり含まれている。ドイツでも、シュタインとハルデンベルクに主導された国政改革が行われた、激動の時代であった。年齢を数えてみれば、ヘーゲル十九歳の年にフランス革命が勃発し、三十代で脂ののった時期にナポレオン戦争を経験、晩年には権威ある立場で国政改革に立ち会ったということになる。[2]

これ以上深入りすると本書全体の主旨が変わってしまうのでこれくらいにするが、ここで

2　これら歴史的な事項とヘーゲルの関わりを平易に解説した本には、権左武志『ヘーゲルとその時代』（岩波新書、二〇一三年）や福吉勝男『使えるヘーゲル』（平凡社新書、二〇〇六年）、滝口清榮『ヘーゲル哲学入門』（社会評論社、二〇一六年）などがある。

強調したいのは、ヘーゲルが革命と戦乱の時代を巧みに生き抜いて成功を収めた人だ、ということだ。哲学者というと、生前には誰にも理解されず浮世離れした人生を送った、というイメージがあるかもしれないが、これはヘーゲルには全く当てはまらない。むしろヘーゲルは、猛スピードで移り変わる時代に機敏に対応する中で、思索を積み上げていった。

最後に、哲学史や世界史の中でのヘーゲル哲学の位置にも少し触れておこう。哲学史の教科書などでは、ヘーゲルは「近代哲学の完成者」と言われることが多い。また、世界史の中では、ヘーゲルはマルクスの社会主義思想に影響を与えたことで知られる。ヘーゲルがいなければ、冷戦もソ連もなかったかもしれない。一方で、マルクス主義が大きな歴史のうねりを作り出したことには、ヘーゲル哲学の理解の仕方をゆがめてしまった側面もある。現代では、マルクス主義やその他の「手垢」を取り払って、ヘーゲル本来の姿を明らかにしようとする研究が主流となっている。

ただし、本書の主眼は、読者の皆さんに哲学史的な知識をお伝えすることではない。そうではなくて、ヘーゲル哲学を通じて、現代を生き抜くためのヒントをつかんでいただくことが本書の目標だ。したがって、哲学史的な話題には、どうしても必要な場合を除いて、あまり深くは立ち入らない。ここではさしあたり、ヘーゲルが西洋哲学史上の、そして世界史上のビッグネームであるということを理解していただければ十分である。

本書が目指す「考え抜く力」

本書は、ヘーゲルの哲学を通じて、読者の皆さんに「**考え抜く**」ことの重要性を実感していただくことと、「考え抜く」経験値を積んでいただくことを目標としている。「考え抜く」ことは、「アナロジー思考」や「アンラーン」にも通じる、哲学の基本スキルである。ヘーゲルは、考え抜くことを通じて、西洋哲学に変革をもたらし、現代に至るまで大きな影響を与えてきた。読者の皆さんには、このことを感じていただくと同時に、それを通じて社会人として一つ上をいく「考え抜く」スキルを身につけてほしいと思う。

とはいえ、なぜヘーゲルを学ぶことが「考え抜く」という社会人スキルに結びつくのか、いぶかしく思われる読者もいるだろう。そこでまずは、哲学が得意とする「そもそも論」から始めてみよう。つまり、「考え抜く力」がそもそもなぜ重要なのかを考えてみたい。そのあとに、哲学やヘーゲルを学ぶことが皆さんを社会人として成長させてくれると説得したい。

「考え抜く力」というスキルは、私が勝手に言っているものではない。経済産業省が提唱する「人生100年時代の社会人基礎力（以下、「社会人基礎力」）」の一つにも数えられているスキルだ。経済産業省は、「考え抜く力」をさらに細分化した形で具体的に必要なスキルを列挙しているが、そこには、「問題発見能力」、「システムとして物事を考える力」、「見えないものが見える力」、「高い倫理観を持ち正しい選択をする力」、「抽象思考力」等の、哲学と深い関わりを持つスキルが含まれている。また、経済産業省が強調する「人生100年時代」においては、これらのスキルを伸ばすために「何を学ぶか」、「どのように学ぶか」という観点が重要になるとも指摘されている。

そして、私の考えでは、哲学はまさにこれらのスキルを伸ばすために学ぶべきものであり、これらのスキルを身につけるための学びの手段を提供できるような学問である。哲学は「考え抜く」ことを最も重視する学問だからである。

考え抜くために最も重要なことは何だろうか。科学や文化に関する知識・教養だろうか。あるいは、読解力や計算力などの学力や、アタマの回転の速さだろうか。そうではない。もちろん知識や学力はあるに越したことはないのだが、最も重要なことは別にある。それは、**「結論が出ない苦しみに辛抱強く耐える」**能力である。

考え抜くことは、想像以上に苦しい。多くの人は、早く結論を出したいあまりに、少しでも正しそうに見える「結論モドキ」にすぐに飛びついてしまう。しかし、そこからは真に新しいアイディアは生まれてこない。互いに対立する様々な考え方を精査し、安易に結論に飛びつかない態度こそが、「考え抜く」ために人が身につけるべき態度である。

こうした態度を身につけるのが難しいのは、日常生活やビジネスにおいてルーティンワークを効率よくこなすこととは正反対のやり方が求められるからでもあるだろう。通常私たちは、時間に制約がある中で、既存の選択肢の中から少しでもましなものを選んでいくことを求められている。しかし本物の創造性を発揮することが求められる場面では、こうした制約を取り払い、選択肢の外にあるかもしれない新たなアイディアを求め続けていく必要がある。通常と違うことをしなければならないのである。

哲学やヘーゲルを学ぶことがあなたの人生に役立つのはまさにこの点においてである。哲学を学ぶことは、通常の業務を効率化するためには必ずしも役立たないかもしれない。しかし、「人生１００年時代」と言われ、目まぐるしく変化する時代の中で、新たな価値を創造し続けることが求められる現代の社会人にとって、通常の業務の中では身につけることができないスキルを獲得するために、哲学を学ぶことが有効なのである。

哲学を学ぶことで、通常業務に加えて、一歩先を行くための考え抜く力を身につけることができるのだ。

考え抜くための方法論としての弁証法

本書がテーマとするヘーゲル哲学は「**弁証法**」という方法論によって知られる。弁証法はまさに「考え抜く」ための方法論である。ヘーゲルは弁証法という言葉を使って、二者択一に思えるような場面において、安易にいずれかの選択肢に飛びついてはならないということを我々に教えている。この意味で、どっちつかずの状態に耐える力を与えてくれるのが、ヘーゲル哲学である。

本書では「生き方」「学問」「存在」「本質」「認識」「歴史」という六つのテーマに則して、ヘーゲルがいかにして「考え抜く」ことを成し遂げたかを見る。これらのテーマの中には、読者の皆さんの生活に密着しているものもあれば、普段の生活の中では考えることの少ない抽象的なものもあるだろう。そのようなテーマについて考え抜くヘーゲルの姿から、読者の皆さんには「考え抜く力」を学んでほしい。それを通じて、真に新たな価値を創造できる、人生100年時代にふさわしい社会人力を身につけることができるはずである。

考え抜く力

ヘーゲル哲学に学ぶ

目次

第二章 「学問」を考え抜く……69

図版製作・イラスト／まるはま

第一章 「生き方」を考え抜く

一　人生の目的は幸福か？

「生き方」を振り返る

「何のために生きているの？」と聞かれたら、あなたはどう答えるだろうか。仕事で成功して自分の幸せをつかむためだろうか。あるいは社会に貢献して世界をよくするためだろうか。家族の笑顔のためだろうか、それとも、後世に自分が生きた証を残すためだろうか。

私たちの日常生活の中で、哲学的に考え抜くことの重要さが最も意識されやすいのは、このような形で自らの生き方を振り返るときだろう。将来どのように生きていくべきか、これまでの自分の人生は正しかったのか、現在の自分の生き方は自ら誇れるものになっているか、ということを考えようとすると、そもそも自分は何のために生きているのか、人はなぜ生きるのか、といういかにも「哲学的」な問題を考えざるを得なくなる。

生き方について考える哲学の分野としての**倫理学**では、この問いに対する、古くから人気のある答えが二つある。一つは、「**人が生きるのは、幸福になるためだ**」というものである。人はみな、幸福になることを目指して生きている。幸福な人生こそが、よい人生である。この答えは単純だが、強い説得力を持っている。「何のために生きているのか」と聞かれて、

「自分の幸せをつかむため」と答えた読者は、これに近い考えを持っていることになる。

しかし、この答えに納得しない人もいる。そうした人々が訴えるのは、「**我々には人生において幸福とは別に、遂行すべき義務があるはずだ**」という考えだ。つまり、人が生きるのは、何らかの義務を遂行するためだ、というのが、もう一つの答えである。ここで「義務」という言葉は倫理学の専門用語として使われているが、この言葉でしっくりこなければ、「使命」や「責務」と言い換えてもよいだろう。人生には、果たすべき使命がある。自分の幸福を犠牲にしてでも追い求めるべき社会的責務や、家族に対する責任がある。このように考える人は、幸福ではなく義務のために生きる生き方に魅力を感じていることになる。

ヘーゲルと義務の倫理学

人生の目的は幸福に尽きるのか、それとも幸福以外に果たすべき義務があるのか、という論争には、現代でも決着がついていない。しかし、本書の主人公であるヘーゲルが生きた西暦一八〇〇年前後のドイツにおいては、人生には幸福以外に果たすべき義務がある、という考え方が優勢であった。このため、本書では、幸福と義務のどちらがより重要なのかという論争には直接立ち入らず、ヘーゲルとともに、人生には幸福以外に果たすべき義務があると

イマヌエル・カント（1724～1804）
Johann Gottlieb Becker による肖像画

いう考え方について、詳しく検討してみることにする。

ところで、ヘーゲルの時代に、人生には幸福以外に果たすべき義務があるという考え方が優勢だったのは、一七七〇年生まれのヘーゲルにとって、先輩にあたる大哲学者、**イマヌエル・カント**（一七二四～一八〇四）が、義務を重視する倫理学の強力な理論を打ち立てていたからである。ヘーゲルは、このカントの理論と対決する中で、独自の哲学を作り上げていった。特に生き方についての議論は、カントからの影響が色濃く残されている。このため、以下ではまず、カントの倫理学がどのようなものだったかについて、ある程度の紙幅を割いて見ておきたい[3]。

義務・自律・自由

カントは、人としての義務を果たすことが、よい生き方のために最も重要なことだと考えた。ここで言う義務とは、「困っている人には親切にしなければならない」や「嘘をついてはならない」といった、道徳的な義務のことである。カントにとっては、道徳的義務を果たすことが、人生において最も重要なことだった。

ともすると、道徳的義務を果たすことが人生において最も重要だという考え方はあまりにも窮屈で、人生をつまらないものにしてしまうようにも思われるかもしれない。実際、カント倫理学には、窮屈な人生を強いるようなところがないわけではない。そうは言っても、現代を生きる私たちにとって、この考え方が全く共感できないものかというと、そうとも言い切れないだろう。身近な人の役に立ちたいという想いや、この国や国際社会をよりよいものにしたいという想い、また、子どもたちの世代に苦労をさせたくないという想いを抱くことは、自然なことであろう。あるいは、どんなに自分の利益になることであっても、人の道に外れたことはしたくない、という気持ちも、現代であろうと、カントの時代であろうと変わ

3　以下の議論は、ロバート・B・ピピン『ヘーゲルの実践哲学――人倫としての理性的行為者性』（星野勉監訳、大橋基・大藪敏宏・小井沼広嗣訳、法政大学出版局、二〇一三年）を下敷きにしている。拙論「行為者性の社会理論――コースガード・ピピン・ヘーゲル」（『思想』第一一三七号、岩波書店、二〇一八年、五三―七〇頁）も参照。

らない。カントの倫理学は、こうした人の想いに寄り添っていると言える。

カントの倫理学には、義務の強調に加えてもう一つ、大きな特徴がある。それは、義務を果たす上で、私たち人間の「**自律**」が重要だという考えだ。

カントによれば、私たちの道徳的な生き方、義務にしたがった正しい生き方は、「自律」から始まる。自分で自分が何をなすべきかをしっかりと見据え、それにしたがって自分の行動を決めていくとき、私たちは清く正しく生きることができる。例えば、目の前で困っている人がいれば、私たちにはその人を助けるべきだということがわかるはずだ。つまり、私たちは「その困っている人を助ける義務がある」とわかる。このような義務を自覚したら、まさにその義務にしたがって、その人を助けなければならない。そのためには、自分で自分を律する、すなわち「自律」をはたらかせる必要がある。

これと反対に、困っている人がいても、助けるのは気恥ずかしいとか、面倒だといった気持ちに負けて、見て見ぬふりをしてしまったりすることは、自律を欠いた行いである。自律を欠いてしまうと、義務にしたがうことができない。これは不道徳な生き方、よくない生き方へとつながる。

カントはさらに、興味深い主張をしている。カントによれば、このような義務にしたがってこそ、私たちは自由である。これに対して、その場の欲求にしたがっているときには自由とは言えない。

自由に関するカントのこの議論には、私たちの日常的な感覚にそぐわないところがある。困っている人を助けるのか、それとも助けないかを選ぶことができるということにこそ、私たちの自由はあるのではないだろうか。何も義務に関わらない場面でも、休日にテレビを見ることも、資格試験の勉強をすることもできるということ、それらの選択肢から選べるということこそが自由ではないだろうか。まさにこのような場面で私たちは、「自由に」選べる、という言い方をするではないか。

逆に、道徳的に生きる義務は私たちに外から強制されるものであり、それにしたがうことは自由とは言えないようにも感じられるかもしれない。道徳的義務に縛られず、自分たちが本当にやりたいことをやることこそが自由なのではないか。

しかしカントによれば、自由とはそのようなものではない。例えば、友人と飲みに行く約束へと向かう途中の駅で、外国人の観光客が道に迷って困っているのを見かけたとしよう。あなたは、「早く飲みに行きたいし、どうせ誰か別の人が助けるだろう」という気持ちに負けて、その人を助けないことを選択する。このような事例について、カントであれば次のように言うだろう。このときあなたは、いわば「早く飲みに行きたい」という欲求によって、その人を助けずにその場を立ち去るように強制され、その強制に屈してしまっている。カントによれば、「飲みに行きたい」という欲求を抑えて、人助けをするときにこそ、私たちは自由なのである。このような論法によって、カントは私たちの通念を逆転させて、義務にしたがうことこそが自由で、欲求にしたがうことは不自由だ、と論じる。

アイデンティティを考える

カントによれば、自分で自分を律して、道徳的な義務にしたがうことこそが自由である。そして、義務にしたがった自由な生き方こそが、よい生き方である。このカントの考え方は、現代の倫理学においても一定の影響力を持っている。以下ではもう一歩踏み込んで、カントの影響を受けた現代倫理学における議論を紹介したい。

敢えて現代の議論にまで踏み込む理由は二つある。一つは、カントの考え方をより身近なものに感じてもらうためである。そしてもう一つは、現代の議論を挟むことで、カントの議論をヘーゲルがどのように発展させたかがよりわかりやすくなるからである。

カント倫理学を現代的にアレンジするにあたって、「**アイデンティティ**」という考え方が持ち出されることがある。[4] そこで、まずはこのアイデンティティという概念について解説しておこう。

「あなたのアイデンティティは何ですか」と聞かれたら、どう答えるだろうか。ここで「アイデンティティ」という言葉で問われているのは、あなたが何者であるかについての、あなた自身の捉え方のことだ。例えば私であれば、「研究者であること」「大学に勤めていること」等々を挙げることができる。会社勤めをしている読者にとっては、会社員であることもアイデンティティであろう。あるいは、子育て中の読者なら、「親であること」を真っ先に挙げるかもしれない。ここに何を数え上げるかに、その人の「人となり」が現れると言うこともできるだろう。私たち一人一人が、自分自身を何者として理解しているのか。これを指すのが、アイデンティティという概念である。

4　アイデンティティを強調するタイプのカント主義は、カントが元々持っていた考えの中の重要な側面を見落としてしまっている、と主張する論者もいる。確かに、カントの本来の議論には、アイデンティティについて本書で紹介するような議論だけに収まらない主張も含まれている。しかし、アイデンティティという観点は、「自律」という考え方の魅力と問題点を際立たせてくれる。そしてこの観点は、ヘーゲルが重視したものでもある。

アイデンティティと自律

アイデンティティという言葉の意味がわかったところで、これがカント倫理学とどうつながるのか、という論点へと進もう。

私たちはすでに、カント倫理学の根底には、内省を通じて自分で自分が何をなすべきかをしっかりと見据え、それにしたがって自分の行動を決めていく自律のはたらきがあるということを知っている。しかし、内省しさえすれば自らのなすべきことがわかる、という考え方は、楽天的すぎて、リアリティを欠いているようにも思える。一体どのような内省によって、自らのなすべきことがわかるのだろうか。「自分で自分が何をなすべきかをしっかりと見据える」ことは、どうすれば可能なのだろうか。

クリスティーン・コースガード（1952～）
Photo：Rose Lenehan

アイデンティティに訴える現代の議論は、この点に処方箋を与えてくれる。アイデンティティの重要性を主張する現代のカント主義者、**クリスティーン・コースガード**によれば、カントが考えていた「自らのなすべきことを明らかにするための内省」とは、アイデンティに関する内省にほかならない。[5] 例えば私はこの本を書くことを義務と見なし、その義務を自らに課している。そして、その義務にしたがって、いまこの本を書いている。それではなぜこの本を書くことが私の義務なのかといえば、それは私が哲学者であり、ヘーゲル哲学の研究者だからである。このような私自身のアイデンティティに照らして、私はこの本を書くことを私の義務だと見なす。

内省が、アイデンティティに関する葛藤を含む場合もあるだろう。宮崎《みやざき》駿《はやお》監督の映画『風立ちぬ』（二〇一三）では、主人公の堀越《ほりこし》二郎《じろう》が、結核の病を得て死へと近づいてゆくパートナー・菜穂子《なおこ》を愛し気遣いながらも、飛行機技師としての仕事を最優先させる姿が描かれている。ある場面では、菜穂子が喀血したという知らせを受けて二郎は名古屋から菜穂子が療養している東京まで駆けつけるのだが、つかの間の再会ののち、すぐに名古屋へと戻ってしまう。このとき、二郎には飛行機技師としてのアイデンティティと、菜穂子のパートナーとしてのアイデンティティの間で葛藤があったはずである。このような葛藤を経て、それでも飛行機技師としてのアイデンティティを優先させる二郎の姿が、その場面の中心となっ

5　クリスティーン・コースガード『義務とアイデンティティの倫理学——規範性の源泉』（寺田俊郎・三谷尚澄・後藤正英・竹山重光訳、岩波書店、二〇〇五年）を参照。

ている。このような葛藤の場面でも、行動規範はアイデンティティから得られるのである。そしてこれが、「自分で自分を律する」というカント倫理学の根本原理の内実だ、ということになる。コースガードにしたがえば、自分で自分を律し、自分が何をすべきかをしっかりと見据えるとは、自らのアイデンティティについて深く内省するということにほかならない。アイデンティティについての内省が、私たちが選び取るべき生き方を教えてくれるのである。

悪人のアイデンティティ

私たちが見てきたカント主義の倫理学では、「いかに生きるべきか」という行動の規範は、アイデンティティについての内省から得られるとされる。しかし、このような立場には、いくつか解決すべき問題がある。ここではその中でも典型的な問題として、「悪人のアイデンティティ」という問題を考えてみたい。

悪人であることをアイデンティティとしている人物に現実世界で出会うことは多くないだろうが、フィクション作品にはしばしば、生粋《きっすい》の悪人が登場する。例えば、名探偵シャーロック・ホームズの宿敵であるモリアーティや、『アルセーヌ・ルパン』シリーズの主人公である怪盗ルパンは、世界で最も有名かつ人気のある悪人だろう。日本では、怪盗ルパンにインスピレーションを得て作られた『ルパン三世』シリーズの登場人物たちの方がなじみ深いかもしれない。あるいは邦画好きなら『仁義なき戦い』のような任侠映画の登場人物を考えることもできるだろう。

これらの作品に登場する悪人たちは、悪人であることをアイデンティティとしているかもしれない。このアイデンティティにしたがって内省するならば、彼らにとっては、なるべく派手な盗みをはたらくことや、目的のためには殺人すらいとわないことなどが行動の指針となるだろう。そして彼らは実際にこの指針にしたがって盗みをはたらいたり、人を殺したりする。「仕事」をするのが面倒な日にも自らを奮い立たせ、悪人としての仕事に励むようなキャラクターすら想像できる。この場合、そのキャラクターはまさに自分で自分を律して悪事をはたらいているということになる。

しかし、例えば「派手な盗みをはたらく」という、怪盗ルパンの行動指針そのものは、どうしても道徳的に正当化され得ないだろう。これは、ルパンがいかに魅力的な人物であったとしても変わらない。例えば「盗んだ金は慈善団体に寄付する」といったルールを持っていたとしても、盗みが正当化されるわけではない。どんなに美点を並べ立てようと、窃盗をすべきでないということは揺るがない。

このような悪人の事例では、アイデンティティについての内省が、よい生き方を教えているとは言いがたいだろう。生粋の悪人においては、自分のアイデンティティについて内省を深めれば深めるほど、人の道に外れた行いをすべきだという結論が導かれてしまう。これは、アイデンティティについての内省を深めることで義務にしたがうことができるようになるという、現代カント主義の考えが誤っていることの証拠ではないだろうか。

人間としてのアイデンティティ

このような「悪人のアイデンティティ」の事例を根拠とした反論に、現代のカント主義者、コースガードはどのように応答するのだろうか。彼女の応答は、「**人間としてのアイデンティティ**」を考えればよい、というものである。

コースガードによれば、職業や家族といったものに関わるアイデンティティのほかに、私たちには「人間である」というアイデンティティがある。このアイデンティティは我々全員が共有するものであり、また、このアイデンティティは、私たちが持つ他の全てのアイデンティティに優先される。

この概念を使って、ルパンの例を検討してみよう。「怪盗である」というアイデンティティからは、派手な盗みをはたらく、という行動指針が導かれるかもしれない。しかし、人間である限り、私たちは盗みをはたらいてはならないはずだ。つまり、人間としてのアイデンティティについて深く内省すれば、「盗みをはたらいてはならない」という行動規範が導かれるはずだ。そして、ルパンとて、怪盗である前に人間である。したがって、ルパンの窃盗行為は、彼自身の、人間としてのアイデンティティに背いていると言える。彼はこの「人間としてのアイデンティティ」にしたがって内省を深めるべきであった。それができれば、そして、「人間としてのアイデンティティ」が「悪人としてのアイデンティティ」に優越するということがわかれば、それを通じて、泥棒稼業から足を洗って、義務にしたがった生き方を選択することができたはずである。

まとめよう。アイデンティティに基づいて自律を理解し、そこから道徳を基礎づけようとする立場には、「怪盗である」のような悪人としてのアイデンティティを持つ人物の悪行が正当化されてしまうという問題があった。しかし、「人間としてのアイデンティティ」という概念を導入することで、「悪人のアイデンティティ」の問題を回避することができる。倫理学の基礎となるのは、単なるアイデンティティではなく、人間としてのアイデンティティだ、ということになる。

アイデンティティについての内省だけによって、それゆえ「自分で自分を律する」という原理だけによって、いかに生きるべきかの規範が与えられるという考えは、これまでのところはうまくいっているように見える。しかし、これで話は終わりではない。この考えには別の問題を指摘することができる。そしてこの問題が、ヘーゲルによるカントへの批判へとつながってゆくことになる。

二　自律の限界

自律が抱える問題

カントやコースガードの考え方の核心は、「自分で自分を律する」というはたらきによって、生き方の問題に答えを与えるという点にあった。この考え方の根本的な問題は、全てが「自分」という土台だけの上に組み上げられているということである。

ここに、ヘーゲルがカントを乗り越えようとしたポイントがある。ヘーゲルは、生き方の問題に答えを出すためには、「自分」だけでなく、「社会」を視野に入れなければならないと考えた。ヘーゲルの考えでは、社会を視野に入れないカント倫理学のやり方では、生き方の問題に答えを出すことはできない。なぜだろうか。

なぜ人のものを盗んではいけないのか

小さな子どもに、「なぜ人のものを盗んではいけないのか」と聞かれたら、あなたは何と答えるだろうか。なぜ人のものを盗んではいけないのかについて、納得いく説明を与えることはできるだろうか。

悪人のアイデンティティについての議論を思い出すことから始めよう。「人のものを盗む」という行為は、「人間としてのアイデンティティ」に照らして、なすべきでないと判断されるのだった。しかし、本当に「人間としてのアイデンティティ」を考えるだけでそうなるだろうか。これは都合のよいストーリーではないだろうか。

例えば、「この世は弱肉強食である。人はお互いに盗んだり盗まれたりするサバイバル的な世界の中で生きるべきだ」と主張する人が現れたとしてみよう。この人が「人間としてのアイデンティティ」についての内省を深めると、「自分の利益になるのならば人のものを盗むべきである」という結論が出てきてしまうのではないか。そうだとすると、「人間としてのアイデンティティ」を持ち出したとしても、問題は何も解決しないのではないだろうか。

こうなってしまうのは、アイデンティティを重視する現代のカント主義が、全てを「自分」という土台だけの上に組み上げているからであろう。「人間としてのアイデンティティ」への深い内省だけによって、よい生き方についてのコンセンサスが得られるという考えは、いかにも脆弱な基盤の上に立っているように思われるのである。

しかし、なぜこのような深刻な不一致が生じてしまうのだろうか。全てを「自分」という土台の上に組み上げることの問題を、ここでは二つに分けて整理してみたい。その二つとは、第一に、人間としてのアイデンティティにしたがった行動指針とは具体的には何なのかという問題である。そして第二に、深い内省に基づいたルールにしたがうべきだということはどのようにして正当化されるのか、という問題だ。それぞれについて、詳しく考えてみる。

人間としてのアイデンティティとは何か

まず、人間としてのアイデンティティとは具体的には何なのか、という問題について考えよう。

例えば、あなたが妊娠中の妻のいる夫であるとする。あなたは夫として、妻の出産に立ち会うべきだと考えている。しかし、運悪く、あなたがリーダーを務めるプロジェクトに関する重要な海外出張の日程と、妻の出産予定時期が重なってしまった。このとき、あなたは出産への立ち会いと、海外出張のどちらを優先すべきだろうか。

「夫である」というアイデンティティに照らせば、あなたは出張を諦め、出産に立ち会うべきである。しかし、「プロジェクトリーダーである」というアイデンティティに照らせば、あなたは出産への立ち会いを諦め、海外出張を優先すべきである。それでは、「人間である」というアイデンティティに照らすとどうなるだろうか。「人として家族を最優先すべきだ」と考える人もいれば、「リーダーなのだから、人としてその責任を果たすべきである」と考える人もいるのではないだろうか。こうなると、「人間である」というアイデンティティは、何の指針も与えてくれないように思えてくる。

先ほど見た弱肉強食的な人間観をめぐる問題も、これをより先鋭化させたものとして理解できる。コースガードのカント主義では、行動指針は「人間である」というアイデンティティに照らした内省によって確定できるとされていた。しかし、「人間である」というアイデンティティに照らしてどのような行動が適切かは、常に一つに定まるとは限らない。弱肉強食的な人間観の例は、その最も極端なものである。

これらの問題は、「人間である」というアイデンティティに照らして自らを律しようとすれば、おのずと一つの普遍的な義務が明らかになる、というコースガードのカント的な前提に問題があったということを示しているように思われる。コースガードの想定に反して、人間としてのアイデンティティによっては、行動指針が一つに定まらない場合も存在するのである。[6]

このような問題が生じるのは、結局のところ、カント主義的な倫理学が、「自分」や、「深い内省」といった土台だけの上に形成されているからである。「人間としてのアイデンティティに照らして、各々の人が自分で自分を律する」というはたらきから生き方の指針を導こうとする以上、各人が「人間」をどのようなものだと理解しているかによって、導かれる規範の内容は変わってしまう。カント主義は、この問題にうまく対処することができないのである。

ルールの正当性はどこからくるのか

「自分で自分を律する」ことにまつわるもう一つの問題へと進もう。それは、「深い内省に基づいたルールにしたがうべきだということはどのようにして正当化されるのか」という問題であった。カント主義においては、内省によって自分で自分に課されたルールが直ちに、それにしたがって生きるべきルールとして認められるとされる。しかし、この主張は必ずしも全ての場合にすんなり受け入れられるわけではない。深い内省に基づいたルールなら何でもよい、ということにはならないように思われるのだ。

これではまだ問題の意味そのものが理解しにくいかもしれないので、例を挙げて説明しよう。あなたの家庭がいわゆる「お小遣い制」で家計をやりくりしているとしよう。あなたはお小遣いとして毎月七万円が必要だと考えている。しかもこのルールは、あなたの職場にお

6　アイデンティティのような議論を持ち出さずにカントの議論を整理すれば、この問題を回避できるかもしれない。このような読みによれば、カントにおいて、何が正しい行いであるかは、実は個々人の内省によって決まるのではない。そうではなく、神であれば確実に認識できるはずの道徳的真理が、不完全な理性的存在者である我々には、義務という形で与えられるのである。(cf. Robert Stern, *Understanding Moral Obligation: Kant, Hegel, Kirkegaard*, Cambridge University Press, 2012)。しかし、この考えにも二つ問題がある。一つは、この説明においては神の存在が要請されるが、この発想が現代では受け入れられにくいということである。そしてもう一つの問題は、仮に神に関する問題がクリアできたとしても、私たちに与えられる義務が、神の認識する道徳的真理と一致すると言える根拠がわからないことである。これを適切に説明できないのであれば、カントの主張が無理筋であると認めるか、コースガード流の解釈をとるか、いずれかを選ばなければならなくなるだろう。

ける立場などを勘案して、深い内省に基づいて決めたものだとしよう。しかし、これを聞いたあなたの配偶者は、七万円は高すぎると主張する。そして、「お小遣いは月に四万円」というルールに改めさせようとするかもしれない。あなたが「四万円では足りない」と反論すると、「テレビでも四万円くらいが普通だと言われていた」という根拠でさらに反論されてしまった。このとき、あなたが自分で深い内省に基づいて決めたルールと、配偶者がテレビを参考に決めたルールのうち、どちらに正当性があるのだろうか。

カント主義者は、あなたが自分で決めたルールにこそ正当性が宿る、と主張するかもしれない。なぜなら、この場合に「お小遣いは七万円」というルールはあなた自身のアイデンティティに関する深い内省によって基礎づけられているからである。つまり、自律に基づいているのである。もしこれを否定して、テレビを参考にした四万円という金額を採用すべきであるならば、深い内省と自律によって決められたルールではなく、テレビで言われていることに基づいたルールの方が正当だということになってしまう。つまりこの場合、深い内省に基づいたルールが常に正当であるとは限らない、ということになる。[7]

そして、もしこれを認めるのならば、「お小遣いは月に七万円」のようなルールだけでなく、「困っている人を助けるべきだ」のような、私たちの生き方の根幹に関わるようなルールの正当性も揺らいでしまうのである。なぜなら、カント主義では、「困っている人を助けるべきだ」というルールも、「深い内省に基づいている」ことによって正当化されていたからだ。この広く認められている道徳的な生き方が、「お小遣いは七万円」というルールと同程度の正当性しか持たないということになってしまいかねない。

したがって、ルールの正当性をめぐる問題は、カント主義に対して深刻な問題を突きつけている。そして、この問題は、先ほどと同じく、そもそもカント主義が「自分」という土台だけの上に道徳を組み上げようとしたことから生じている。自律に訴えるだけでは、行動指針の具体的な内容だけでなく、その正当性についても、うまく説明することができないのである。

7　実際に会社員の「お小遣い」額の平均は四万円程度であるようだ。ここではわかりやすくするために七万円という極端な金額を提示したが、私も七万円は多すぎると思う。

三　ヘーゲルの処方箋

ヘーゲルとカント

これまで、カント主義的な倫理学の特徴と問題点を説明してきた。私たちはここにきてようやく、ヘーゲル哲学へと進むことができる。

ここで、ヘーゲルについての本であるはずの本書で、なぜこれほどまでの紙幅を割いてカント哲学について論じてきたかをもう一度説明しておきたい。ヘーゲルは、カント哲学が常識である時代を生き、カントが書いた書物を読んで、その中の納得できない点について論じることで、自らの思想を構築するという思考スタイルをとっている。このため、いったんカント哲学についてある程度理解し、その問題点を考える、という順序をたどることが、結果的にヘーゲルを理解するための近道になるのである。

さて、ヘーゲルは、「相互承認」という鍵概念に訴えることで、全て「自分」という土台だけに基づいているというカント倫理学の弱点を克服しようとする。ヘーゲルのアイディアを紹介したあとで、前節で見た問題点をヘーゲルがどのように解決するかを考えてみよう。

規範の源泉としての歴史と社会

カントにおいては、生き方の指針は、各人の内省によって得られるとされた。これに対して、ヘーゲルは、「歴史」と「社会」を、そのような指針の源泉に加えるべきだとする。

議論の出発点をカント主義にとろう。カント主義者は、私たちは内省によって、自分がどんな生き方を選ぶべきかを明らかにすることができると言う。しかし、ヘーゲルはこれとは異なるアプローチをとる。私たちは、どんな生き方を選ぶべきかと考えるとき、自分自身の内面のことだけを考えるわけではない。そうではなく、現代社会において実際にどのような生き方が選ばれているかを参照するはずだ。

具体的に、「なぜ人のものを盗んではいけないのか」という問いに立ち返って考えてみよう。子どもにこのように聞かれたら、どう答えればよいのだろうか。あるいは、「この世は弱肉強食なのだから、我々はお互いに互いのものを盗んでもよいのだ」と主張する人に、私たちはどうすれば反論できるのだろうか。

カント主義は、「深い内省」という考え方に訴えて、この問題に答えようとした。すなわち、私たちは深い内省によって、この生き方が受け入れられないことに気づくのだった。これに対して、ヘーゲルは、自分の中だけで考えるのをやめ、社会全体に目を向けるべきだと主張する。すなわち、社会においてどんな生き方が実際に受け入れられてきたかを考えなければならない、というのがヘーゲルの発想だ。

「お互いに盗み合ってもよい」という規範を退けるにあたっては、現実の社会について考えるべきである。社会の中で、実際にどのような生き方が受け入れられているかを考えることによって、「他人のものを盗んではいけない」のような、生き方の指針となるルールが導かれるのだ。

相互承認

この、「社会で実際にどのような生き方が受け入れられているかを考えることで私たちが選ぶべき生き方が決まる」というアイディアは、ヘーゲルの実践哲学において近年最も重視されている「**相互承認**」という概念にも結びついている。相互承認とは、大まかに言えば、「お互いにお互いを認め合う」ということである。この考え方を使って、私たちの生き方の指針について考えてみよう。

私たちはいま、「お互いに盗み合ってもよい」という弱肉強食的な人間観に基づく指針を退け、「人のものを盗んではいけない」という指針を受け入れる判断を下した。この判断は、社会の中で、他の人々によって検討される。このような検討を経て、私たちは、お互いの生き方の指針を「承認」し合う。

あるいは、別の極端な例として、奴隷制について考えてみたい。人類の歴史には、奴隷と自由人を分けることが認められていた時代があった。つまり、自由人の資格を持たない奴隷として他の人を使役するという生き方が受け入れられていたということだ。しかし現代では、このような生き方は到底受け入れられない。なぜだろうか。

それは、私たちが「全ての人は無条件に基本的人権を持つ」というルールを受け入れているからだ。ここで重要なのは、このルールが単に内省に基づいて受け入れられているのではないということである。「このルールの正しさを私たちが互いに認め合っている」という社会的な事実に基づいて受け入れられていると言うべきだろう。つまりここでも、社会全体を参照するというヘーゲル的なアプローチが、カント主義的なアプローチよりも説得力を持つ。

まとめよう。私たちは、自分がどう生きるべきかを考えるにあたって、内省だけを行うのではない。そうではなく、社会においてどのような生き方が実際に受け入れられているかを参照している。さらに、お互いの生き方についての判断を、お互いに検討し合う。この過程で、「お互いに盗み合ってもよい」のような問題のある生き方は排除されるのである。こう

図1

●自分と社会のバランス

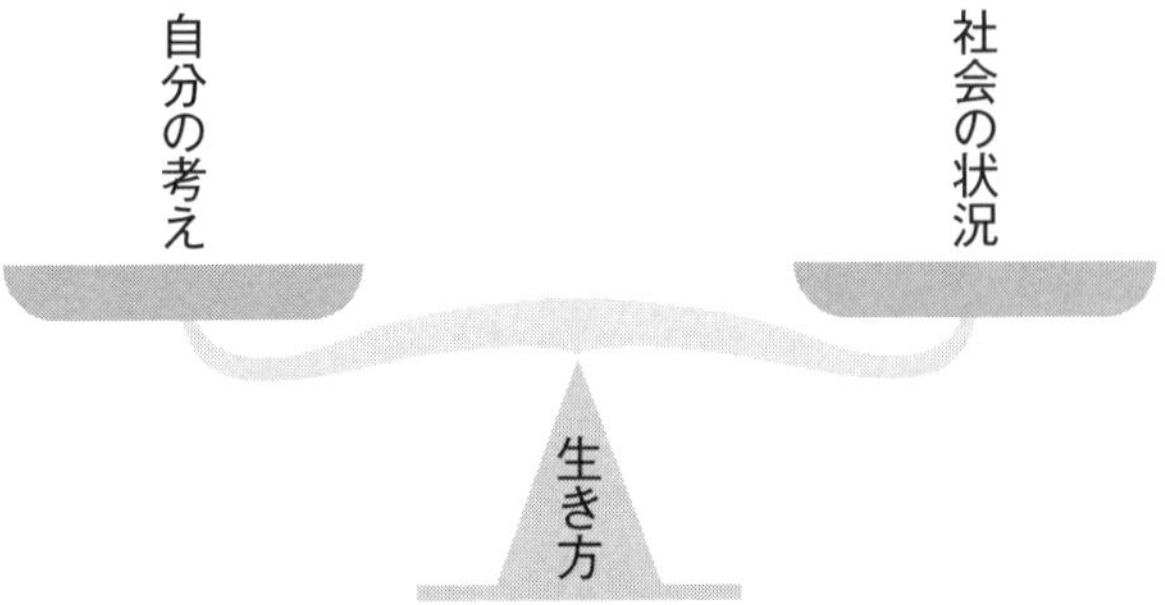

考える方が、私たちが生き方や行動指針を選び取る際の実情を正しく反映しているだろう。

このことを言い換えて、ヘーゲル倫理学では**「自分」と「社会」の両方を全体的に考慮して規範が定められる**、と言ってもよいだろう。こう言い換えれば、カントとヘーゲルの違いがより鮮明になる。カント主義では規範が「自分」という土台のみの上に組み立てられていたのだが、ヘーゲルは、このような基礎付けを拒み、自分と社会の間でバランスを取ることを求めている（**図1**）。

二つの問題の解決

第二節では、自律に基づいて行動の指針を導こうとするカント主義の議論が、二つの問題にぶつかると指摘した。第一の問題は、「人間としてのアイデンティティ」の具体的な中身が一つに定まらない場合があるという問題であった。この問題については、出産への立ち会いと海外出張のどちらを優先すべきかが決まらない場合があるという例を用いて論じた。もう一つの問題は、内省によって導かれた行動指針が、本当に正当化されているかどうかがわからない、という問題であった。この問題については、深い内省に基づいた「お小遣いは七万円」というルールよりも、テレビで見たことに基づいた「お小遣いは四万円」というルールの方が正当に思われることがあるという例で説明した。ヘーゲルのアイディアを受け入れれば、これらの問題を両方クリアできる。これについて順に見ていこう。

まず、「人間としてのアイデンティティ」について。具体的にはどうすれば、これにしたがっていることになるのだろうか。自律に基づく議論では、これを決定するのが難しいという問題があった。一方、社会全体を参照すべし、と主張するヘーゲル倫理学においては、このような問題は比較的生じにくい。

立ち会い出産と海外出張のどちらを優先するかを考えるにあたって、私たちは、自分自身のアイデンティティを内省するだけでなく、社会全体の情勢にも気を配りながら考えるだろう。立ち会い出産が増えているという新聞記事を読んだり、上司の〇〇さんも立ち会い出産のために出張をキャンセルしたことがあるらしいという情報を聞いたりすれば、出張をキャンセルして出産に立ち会おうという気になるだろう。このように、行動指針を得るにあたっては、自分だけでなく社会的な情勢にも目を向けることが必要であり、実際にもそうしたことはしばしばなされるように思われる。

さらには、正当性の問題も、相互承認というアイディアを通じて解消されている。ヘーゲルにおいては、自分で勝手に決めたルールと道徳的な行動規範は、相互承認のプロセスによって認められるかどうかが異なっている。「お小遣いは七万円」というルールが、「テレビで見た四万円より多い」という理由で否定されるとき、七万円という金額は社会では承認されにくい、ということが暗に言われていると考えることもできる。だからこそ、テレビで見た四万円が、あなたの内省に基づく七万円よりも正当性を持つということも起こる。

「人のものを盗んではいけない」のようなルールも、社会を考慮に入れることで、より強固な正当性を持つことがわかる。このルールに違反することは社会の中で咎《とが》められる。なぜなら、「人のものを盗んではいけない」というルールは、相互承認によって正当化されているからである。

二つの問題が回避できたのは、ヘーゲルが「自分」という土台だけの上に道徳規範を組み上げることをやめ、社会という別の源泉を認めたからである。

「社会」という土台も危うい？

相互承認という社会的な次元を持ち出すことでヘーゲルは、行動指針が人によってバラバラになるという事態を回避することに成功した。しかし、この解決は、カント主義が直面した問題に似た、新たな問題を呼び込んでしまう。それは、社会ごとに望ましいとされる生き方がバラバラになってしまう、という問題である。この世界には様々な社会がある。どの社会に生まれるかによって、人がいかに生きるべきかが全く異なる、ということがあってもよいのだろうか。

問題の所在をより明確にするため、「**文化相対主義**」という考え方を紹介し、これについて検討したい。文化相対主義とは、行動指針が社会ごとに異なってもよい、という考え方である。この考え方は、異文化を適切に理解し、お互いの慣習を尊重し合う上で重要なものである。しかし、生き方の根幹に関わるような道徳的義務については、適用することができない。それぞれ例を交えて説明しよう。

まず、道徳に関わらない慣習を理解するときに、文化相対主義がどのように役立つかを見る。例えば、現代の日本では死者を火葬するのが一般的である。しかし、イスラム教の文化圏では、死者を火葬することが死者への冒涜《ぼうとく》と見なされることがある（ちなみに、日本においては、イスラム教徒の住民が土葬による埋葬を求める一方で、他の住民が土葬を強固に拒んでいることから、墓地が確保できずに社会問題になっている地域もある）。この場合、親族の火葬を拒んでいるイスラム教徒に日本式の火葬を強要することは、あってはならないことだろう。相手の文化を尊重し、なるべく本人の希望に沿った葬送の儀式を行うべきである。なぜなら、慣習は文化によって異なって当然だからである。

　しかし、道徳的義務や生き方により深く関わるようなルールについては、事情が異なってくる。例えば、五十年前の日本には、女性社員に「お茶くみ」をさせることが、適切なルールとして認められていた会社が多数存在したはずだ。しかし、現代では、女性だからという理由でお茶くみをさせれば、女性差別の謗《そし》りを免れ得ないであろう。この事例を文化相対主義にしたがって分析すると、五十年前の社会と現代の社会では「文化が違う」から、ルールも違って当然なのだということになる。

　ここに、本来はどちらでもかまわないのだが、現代ではたまたまそうなっている、というニュアンスが含まれていることに注意してほしい。これは、実態を正しく捉えているとは言いがたい。この事例においては、五十年前の社会においても、女性社員にお茶くみをさせることは、実際には不当なことだったのに、皆そのことに気づいていなかった、という説明の方がより適切なはずである。しかし文化相対主義にしたがうと、このように論じることができない。

二つの例からわかるのは、通常の慣習の場合と異なり、道徳的義務に深く関わるようなルールについては、文化相対主義の主張は認められないということである。「私たちはいかに生きるべきか」という問いに対する答えの最も重要な部分は、文化ごとにバラバラであってはならないはずなのである。

ここで重要なのは、これまで説明してきた、社会全体に目を向けるべきだというヘーゲルの議論は、道徳に関する文化相対主義という、問題のある考え方に陥る可能性を持っている、ということだ。特定の歴史を背負った特定の社会の中での相互承認によって受け入れられるようになるのは、その社会で認められるような生き方だけである。他の社会では、別の生き方が認められることになるかもしれない。そして、文化相対主義が教えるように、そのような他の社会に対しては、私たちは何も言うことができない。これは結局のところ、カントの「自分」に対してヘーゲルが持ち出した「社会」も、同様の脆《もろ》さを伴っていたということである。

ヘーゲルの議論が抱えるこの問題は、ヘーゲル哲学の保守性という問題とも関わる。文化相対主義に対しても指摘されることだが、これらの立場は、つきつめると不合理なほどに保守的な立場につながる。なぜなら、ある社会で受け入れられているような考え方を参照した相互承認によっては、その社会ですでに受け入れられている生き方をただ追認することしかできないからである。

これは、人類の歴史の事実に反している。人類の歴史においては、「奴隷を所有してもよい」というルールや、「女性社員にはお茶くみをさせるべきである」というルールのような、不当なルールは廃棄され、それまでとは異なる生き方が可能になってきた。私たちの社会は、このようなドラスティックな「変革の可能性」を内包している。しかし、ヘーゲルの考え方では、このような変革の可能性を認められないように思われるのである。この批判に、ヘーゲルは応答することができるのだろうか。

変革の可能性について

ヘーゲルの倫理学は、文化相対主義や不合理な保守主義になってしまうのだろうか。この問題について、私は、ヘーゲル哲学はこれを乗り越える潜在力を持っていると考えている。しかし同時に、現実の歴史の中のヘーゲルが、十九世紀初頭という時代の制約もあり、現代から見ればかなり保守的な立場をとっていることも事実である。これらについて丁寧に見ていこう。

まず、ヘーゲルが時代の制約から抱えている保守性について。ヘーゲルは、立憲君主制こそが正当な政治体制だと考えていた。立憲君主制とは、天皇が単なる象徴ではなく実際の統治権を持っていた戦前の日本の政治体制のように、血統によって国家権力の正統性を認定し、それに憲法で裏づけを与えるような政治体制である。ヘーゲルが生きた時代にドイツを支配していたプロイセン王国も、この立憲君主制をとっていた（そもそも明治日本の政治体制は、このプロイセン王国を引き継ぐドイツ帝国を参考に作られたものである）。

この政治体制は、現代の目から見ると古めかしい、前時代的な体制である。現代の日本では、象徴としての天皇制は維持されているが、国家主権は国民にあり、実際の統治は選挙で選ばれた政府が担当するという形をとっている。このように見れば、ヘーゲルは現代では受け入れられないほどに保守的な立場をとっているということになる。

しかし、ヘーゲルがこの意味で現代では受け入れられないような古めかしい保守的な立場をとっていたことと、ヘーゲル的な相互承認に基づく倫理学が、変革の可能性を認めることができないという問題は別の問題だ。そして、変革の可能性に関する問題については、ヘーゲルの側からある程度の応答が可能である。

批判は次のようなものだった。すなわち、「社会を考慮に入れたヘーゲルの説明では、常に現状維持が支持される。このため、変革の可能性が認められなくなる」というものだ。この批判に対して、ヘーゲルは逆に「自分」に訴えることで応答する。実はヘーゲルは、自律や内省を重視するというカントの立場を完全に否定しているわけではなかった。そうではなく、内省を通じた自らの判断も、社会的なものも、両方が重要だというのがヘーゲルの立場であった。これによってヘーゲル的な考え方は、現状追認に陥ることを回避し、変革の可能性を認めることができる。

例えば、「男子高校生は全員丸刈りにすべきだ」というルールを考えてみよう。かつて日本の多くの高校で通用していたこのルールが通用しなくなったことを、ヘーゲルの立場からどのように説明できるだろうか。

その説明はおそらくこうなる。まず、一部の人が、このルールに対して違和感を覚えるようになる。その人々は、このルールと、「いかなる不本意な髪型も強制されてはならない」

のような新たなルールのいずれにしたがうべきか、現実の社会で何が受け入れられているかにも照らしながら、同時に自らの信念にも照らして内省を行う。このプロセスを経て、一部の人は、「いかなる不本意な髪型も強制されてはならない」というルールを採用するようになる。そして、この新たなルールを採用する人が十分多くなると、このルールが新たに社会において認められるようになる。こうして、「自分」と「社会」の両方に照らした内省によって、変革の可能性が保証されるのである。

変革の可能性と生き方

変革の可能性についての検討は、ヘーゲルが不合理なほどの保守主義者ではないということを示しているだけではない。社会のルールそのものが変化し得るということは、生き方に悩む私たち一人一人にとっても重要である。

すでに、「自分と社会の両方に照らしてバランスを取りながら生き方を選んでいくべきだ」というのがヘーゲルの基本的な考え方であることを見た。しかし、自分と社会の間でどうしても折り合いがつかない場合にはどうだろうか。いくら考えても結論が出ず、生き方を決められない事態になっていたかもしれない。しかしそのような場合にも、社会が変化し得るということは希望となる。

もちろんそれは将来に向かっての希望にすぎず、目の前の現実は簡単には変わらないかもしれない。例えば同性愛が犯罪とされていた時代のイギリスに生まれていたら、愛する同性のパートナーとともに生きることを選ぶことは難しかっただろう。あるいは、キリスト教が禁止されていた江戸時代の日本で、キリシタンとして生きていたら、やはり信仰を貫くことは容易ではなかっただろう。

こうした事態にどのように対処すべきか、その答えを簡単に見つけることはできない。現に自らのアイデンティティと、周囲の人々が正しいと信じるルールの間の乖離《かいり》に悩んでいる人がどう生きるべきか、その明快な処方箋を提示することは私にはできない。しかし、未来には希望があるということだけは言える。実際に日本の隠れキリシタンたちについても、ヨーロッパの同性愛者たちについても、彼らがつないできた希望は現在へとつながっている。

未来に希望をつなぐという観点から、それぞれにできる限りのことをして生きるべきだということが、困難な状況にある人の生き方について、さしあたり言えることであろう。

私たちはどう生きるか

　さて、反論の検討が長くなったが、最後にヘーゲルの主張をもう一度確認しておこう。ヘーゲルが主張しているのは、生き方について考えるときには、「自分自身がどう考えるか」と、「社会で何が受け入れられているか」との二つの間でバランスを取りながら深く内省することが重要だ、ということである。これは複雑に思えるかもしれないが、よく考えてみると、極めて実践的な示唆を与えてくれる考え方だとわかる。

　私たちは、重要な場面でどのように行動するかを決めるにあたって、深く考え抜かなければならない。どんな人でも、人生の中で何度か、そのような場面に直面するだろう。この深く考え抜く過程で私たちは、一方では自分自身のアイデンティティについて内省し、熟考するだろう。しかし同時に、社会においてどのような生き方が求められているかも考慮に入れる。私たちは、これらの両方をバランスよく考慮すべきなのである。カントのように各人の内省だけから義務や生き方を導くことはできないが、逆に文化相対主義のように、社会で受け入れられていることだけを参照して生き方を決めることもできない。ヘーゲル哲学はこのことを教えている。

　ところで、ここでは「はじめに」で触れた「考え抜く力」が発揮されている。カントやカント主義者が言うように、自分一人で考えるだけでは、何が義務であるのか、どのような生き方を選ぶべきであるのかはわからない。しかし、社会に目を向けたからといって、そこで通用しているルールがそのまま義務であり、それにしたがうのが正しい生き方であるということにもならない。ここでさらにひと踏ん張りして、自分はどう生きるべきかという自分自身のもともとの考えと、社会で何が受け入れられているのかということの両方を視野に入れながら、辛抱強く考えなければならない。これが「考え抜く」ということなのである。

第二章

「学問」を考え抜く

一　科学と哲学

学問と社会

本章では「学問」をテーマに、ヘーゲルの「考え抜く」姿を追いかけてみたい。

昨今、学問のあり方をめぐって様々な議論が起こっている。記憶に新しいのは二〇二〇年、菅義偉《すがよしひで》政権発足直後に起こった日本学術会議会員の任命拒否問題だろう。日本学術会議によって推薦された六名の新会員の任命を、菅首相（当時）が拒否したことで大きな問題となった。世間の関心はすぐにしぼんでしまったように見えるが、この問題は国家と学問の健全な緊張関係が危機にさらされていることを象徴している。

しかし、一般には、なぜ私を含む学者たちがこの問題にこれほどまでにこだわるのか、理解できないという方のほうが多いようだ。そして、それは無理からぬことでもあるというのは、学者の私にもわかる。それほど、学問と社会の距離が開いてしまっているのだ。これには社会に対して学問の意義を伝える努力を怠ってきた学者たちの責任も当然あるだろう。同時に、学問そのものが以前と比べても非常に専門的になってしまい、意義を伝えることが難しくなっているという事情もある。

そうは言っても、学者たちも、ただ手をこまねいているわけではない。ましてや、社会に背を向けて、黙々と自分がやりたい研究だけをしているわけでもない。学問の世界の中では、社会に開かれた学問を目指す「科学コミュニケーション」と言われる取り組みが盛んになっている（そして皮肉にも、こうした取り組みを推進してきた機関の一つが日本学術会議である）。科学コミュニケーションの背景には学問の高度化・専門化があるが、近年はその重要さを実感する機会も増えている。例えば、二〇二〇年から、いまこの原稿を書いている二〇二一年に至るまで世界を揺るがせている、新型コロナウイルス（COVID-19）によるパンデミックがそうだ。感染対策やワクチンの効用など、感染症の「専門家」の判断が、私たち一般市民の生活に直結する事態が続いている。

同様に科学コミュニケーションの重要性を私たちに痛感させた事件に、福島第一原子力発電所の爆発事故がある。事故発生時の対応も、その後の避難や除染に関する判断も、高度に専門的な知識を要求するものであった。「ベクレル」や「シーベルト」といった、日常生活ではなかなか耳にしない単位が毎日のニュースで流れていたことも印象深い。廃炉作業や、増え続ける放射性廃棄物の処理、汚染水を処理したトリチウム水の管理・排出方法など、高度に専門的な知見に基づいて、市民生活に直結する判断を下し続けなければならない状況が現在でも続いている。

学問と市民生活の深い関わりは、感染症や原発事故のような危機対応だけに限られない。人工知能（ＡＩ）技術の発展や、ビッグデータの活用による利便性の向上も、私たちの生活に大きな影響を与えている。企業や官公庁ではデジタルトランスフォーメーション（ＤＸ）の重要性が声高に叫ばれている。街を電気自動車が走る光景も珍しくなくなり、蓄電池などの技術開発も日進月歩で行われている。

これらのことは、現代において、相反する二つの動きが同時に進行しているということを示している。一方では、学問がますます高度化・専門化・複雑化して、一般市民にわかりにくくなっている。しかし同時に他方では、学問が市民生活に与える影響がますます大きくなっている。科学コミュニケーションはこの問題を打開するための、学問の側からのアプローチである。同時に市民の側にも、なるべく学問を理解しようとする姿勢が求められていると言えるだろう。

学問の内部構造

ここまでは学問と社会の関係を見てきたが、ここで言う「学問」の内側にも様々な区別がある。最もなじみ深いのは、理系と文系という区別だろう。理系といえば数学や物理学、化学、生物学、あるいは医学といった学問が想起され、文系といえば、文学や歴史学、社会学、法学、経済学、そして哲学のような学問が想起される。より専門的には、自然科学、社会科学、人文学の三区分が採用される場合もある。この場合、自然科学にはいわゆる理系として挙げた学問が分類される。社会科学としては法学、経済学、社会学、教育学等が挙げられ、文学や哲学は人文学に分類される。ここでは立ち入らないが、このような分類方法そのものが議論を巻き起こす場合もある。[8] 本章ではこの、「学問の内部構造」に光を当ててみたい。

ところで、現代において、学問としての存在感が最も大きいのは、理系ないし自然科学に分類される諸学問であろう。そもそも、単に「科学」といえば、これは物理学や生物学のような自然科学のことを指している。さらに、日本の大学では、哲学を含む全ての研究は、文部「科学」省によって管轄され、研究のための補助金は「科学」研究費補助金と呼ばれている。これらのことは、学術研究の典型的なモデルとして自然科学が念頭に置かれているという現代の状況を象徴していると言っていいだろう。

8　この話題に興味がある読者には、隠岐さや香『文系と理系はなぜ分かれたのか』（星海社新書、二〇一八年）をすすめたい。

科学が学問の中核を占めているというのは名前だけのことではない。学問の最も重要な役割は、知識を増やすことにある。そうではなくて、ここで言う知識とは、私やあなたのような一人一人の人が持つ知識とは異なる。そうではなくて、およそこれまでに人類が知り得た全てのことを指して、ここでは「知識」と呼んでいる。このような意味での知識は、人類が使うことのできる公共的なリソースだ。大学や研究機関における研究成果は、論文として公表され、誰もが用いることができる公共の財産となる。こうした学問の理念に照らしても、現代において人類の知識の増大や、市民生活に影響を与える技術革新に最も貢献しているのは自然科学だろう。生み出す知識の量においても、一つ一つの知識が人類全体に与えるインパクトにおいても、自然科学は他の学問領域をしのぐ成果を上げている。いわば現代は「科学の時代」である。

そこで、ヘーゲル哲学を主題とする本書では、哲学と自然科学の関係について考えてみることにしたい。数ある学問領域の中で、哲学と自然科学だけを取り上げるのは、一つには、上述のとおり自然科学が特に大きな存在感を持っていることに加え、本書が哲学を主題としているからである。そしてもう一つの理由は、ほかならぬヘーゲルが、哲学と自然科学の関係について考え抜いた哲学者だからである。哲学と自然科学の関係を切り口とすることで、考え抜くヘーゲルの姿に迫りたい。

科学の時代と哲学

現代が「科学の時代」であることは、哲学者にとっても他人事ではない。それは第一義的には、哲学者とはいえ現代を生きる人間であることに変わりがないからである。科学の時代に生きる者として、時代状況に照らした人間のあり方を探究することは、哲学の重要な課題である。しかし、その影響はそれだけにとどまるものではない。自然科学の隆盛は、哲学研究のあるべき姿についても問いを投げかけている。

かつて、哲学は学問の花形であった。古代ギリシャのアリストテレスや、近世フランスのデカルトといった過去の著名な哲学者たちは、同時に第一級の科学者でもあった。また、近代科学の記念碑的な著作であるニュートンの主著は、「自然哲学の数学的諸原理」と訳されるタイトルを持っている。これは、アリストテレスやデカルトやニュートンが、科学にも哲学にも通じた超人的な人物だったことを示すエピソードではない。そうではなく、これらの時代においては、学問といえば哲学のことだったのである。ちょうど、現代において科学が占めている地位を、哲学が占めていたと言うこともできる。この歴史上の事実は、現代でも「博士号」が英語で「PhD」と表記されることに名残をとどめている。この「Ph」とは、

「Philosophy」すなわち哲学のことにほかならない。学問を修めたということはすなわち、哲学を修めたということだったのである。

しかし時代は変わった。いまや学問の花形の地位は物理学を中心とする自然科学に移り、哲学にかつての存在感はない。それだけでなく、実際の人類全体の知識を増大させ、生活を改善するための役割においても、哲学以上に科学が重要であることは疑いようのない事実である。こうなると、この時代に、哲学に何ができるのだろうか、という問いが生じてくる。現代を生きる哲学者にとって、これは無視できない問いとなっている。

また、あとで詳しく見るように、ヘーゲルの時代にはすでに、この問いは無視できない問いとなりつつあった。先ほど名前を挙げたデカルトが生きた一六〇〇年ごろには哲学の一分野であった自然科学が、ヘーゲルが生きた一八〇〇年ごろには、すでに哲学から独立しつつあったためである。ヘーゲルの時代は、歴史上最初にこの問題に哲学者が直面するようになった時代だったのである。[9]

哲学における自然科学主義

まずは現代において、哲学と科学の関係を哲学者たちがどのように考えているかを見ておこう。自然科学の隆盛の時代に哲学に何ができるのか、という問いへの答えの一つに、「**自然科学主義**」あるいは「科学主義」と呼ぶべきものがある。自然科学主義とは、一言で言えば、**哲学は自然科学の一部になるべきだ**、という考え方である。

　哲学が自然科学の一部になるとはどういうことだろうか。順を追って説明しよう。まず、科学主義をとる論者は、自然科学の探究だけが本当の意味で人類の知識を増大させる「研究」の名に値する、と考える。この主張の根拠はもちろん、これまでに自然科学がめざましい成果を上げ、人類の知識を著しく増大させるとともに、生活を格段に便利にしてきたという揺るぎない事実である。この事実を前に、科学が「研究」という営みの中心に置かれるべきだということを否定できる者はいないだろう。先ほど述べたように、知識を増やすことが学問研究の目的なのだから、この目的を着実に遂行している科学だけが真正の研究だと言うのである。この自然科学主義の主張は、多くの人々の実感にも合っているだろう。

　さて、この前提のもとで、哲学はどのような運命をたどることになるだろうか。そのたどる道筋は、次に述べる二つに一つなのではないか、と自然科学主義者は言う。

9　以下の議論についてより詳しくは、拙著『全体論と一元論——ヘーゲル哲学体系の核心』（晃洋書房、二〇二一年）第Ⅱ部で論じた。

一つ目の道は、哲学は真正の研究ではないのだ、と認めることである。これは破壊的なシナリオだ。哲学者が論じてきたことは、科学的な裏づけのない机上の空論にすぎない。哲学にはせいぜい、なるべく論理的に整合的なことを言おうとするゲームとしての価値しかない。この見方において哲学に価値があるとすれば、それは、例えば映画やスポーツのように、私たちの人生を豊かにしてくれることである。しかしそれは、公共的なリソースとしての人類の知識を増やしてくれる、本当の研究とは言えないのである。そうだとすると、例えば大学で哲学の研究をすることは、正当化されにくくなるだろう。

二つ目の道は、哲学は自然科学の一部になる、というものである。実際に多くの自然科学主義者が主張するのはこちらの道だ。哲学は確かに本当の意味での研究である。しかしそれは、自然科学とは別に、哲学という独立した研究領域がある、ということではない。そうではなく、哲学は自然科学の中の非常に特殊な分野の一つだと理解されねばならない。つまりこの立場によれば、物理学、生物学、化学のような自然科学の諸分野の中に、哲学も名を連ねるべきなのである。[10]

この考え方が正しいとすれば、哲学の使命は、自然科学をサポートし、その発展に貢献することであり、それ以外にはあり得ない、ということになる。哲学が自然科学をサポートする方法としてしばしば挙げられるのが、いろいろな「概念」をうまく扱えるようにする、というものである。

哲学は、自然科学において新たに発見された現象を捉えるための概念を作ることを得意としている。哲学が作る概念は、ちょうど新たに開発された実験器具と同じように、自然科学の発展に寄与する。例えば「原子」という概念は現代の科学においても非常に重要なものだが、この概念は古代ギリシャの哲学者たちによって考案されたものだ。原子という概念が哲学によって考案されたことが、近代になって科学の発展に貢献したのである。

より現代的な例としては、人工知能研究の発展において哲学が果たしてきた役割を挙げることができるだろう。人工知能は、人間の心をコンピュータで再現することを目指している、と言われることがある。しかし、人間の心とはどのようなものだろうか。これがはっきりしなければ、人工知能研究の目標がはっきりしないままになってしまう。ところで、人間の心とは何かを明らかにすることは、哲学が得意とすることだ。哲学は、人間の心のはたらきを

10　自然科学主義について詳しくは、戸田山和久『哲学入門』（ちくま新書、二〇一四年）、植原亮『自然主義入門――知識・道徳・人間本性をめぐる現代哲学ツアー』（勁草書房、二〇一七年）、井頭昌彦『多元論的自然主義の可能性――哲学と科学の連続性をどうとらえるか』（新曜社、二〇一〇年）などを参照。

様々に分類することで、人工知能研究に貢献してきた。すなわち哲学は、人間の心に、世界について知るというはたらきや、何かをしたいと思う「欲求」のはたらき、それに嬉しい、悲しいといった「感情」というはたらきなどがあることを明らかにしてきた。こうした哲学研究は、人工知能研究にも影響を与えてきた。このような仕方で自然科学をサポートすることが、哲学研究の目的である。自然科学主義者はこう考える。

哲学独立主義

自然科学主義は、これまで考えられてきた哲学の役割を大きく変えてしまおうとするという意味で、革新的なものだ。それだけに、根強い反対論も存在している。その中でも最も強硬に自然科学主義を拒否し、哲学の科学からの独立性を強調する立場を、本書では「**哲学独立主義**」と呼びたい。

哲学独立主義の主張はこうである。**伝統的な哲学の中には、自然科学とは独立した目的を持つ探究領域がある**。それゆえ、哲学は自然科学の一部門とは言えない。この探究領域が、「第一哲学」と呼ばれる。

自然科学から独立した第一哲学とは、具体的にはどんな学問なのだろうか。それは形而上学だ、と独立主義者は主張する。形而上学とは、世界のあり方の最も根本的な部分に関わるような哲学の探究領域のことである。

そうは言っても、「世界のあり方の最も根本的な部分」ということでどのようなことが考えられているのか、哲学者でない読者がイメージすることは困難だろう。そこで、少し脱線することになるが、いくつか形而上学で扱われる問いの例を挙げることで、形而上学とはどのような探究領域なのか、雰囲気だけでもつかんでいただこう。

形而上学で扱われる代表的な問いの一つに、「人の同一性」についての問いがある。これは、過去のあなたと現在のあなた、そして未来のあなたが同一人物であるとなぜ言えるのか、という問いである。この本を読んでいるあなたは、この世界に誕生したとき、現在とは似ても似つかない赤ん坊の姿をしていたはずである。赤ん坊まで遡らなくとも、幼稚園児のあなたと、いまこの本を読んでいる大人、高校生、あるいは優秀な中学生のあなたは、姿形も、性格や行動も、少しずつ異なっているはずである。昨日のあなたと今日のあなたの間にすら、違うところはたくさんある。今日のあなたは昨日のあなたと違い、この本を読んで、哲学について少し詳しくなっている。また、食事や排泄、呼吸を通じて、あなたの身体を構成する物質は少しずつ入れ替わっている。体重や体脂肪率の増減もあるだろう。それなのになぜ、これらの「あなた」は全て同一人物だと言えるのだろうか。形而上学は、この問いに答えようとする。

形而上学で扱われる代表的な問いとしてもう一つ、「全ての赤いものに共通する赤さとは何か」という問いを挙げておこう。郵便ポストも、りんごも、血液も赤い。当たり前の事実だが、この当たり前の事実に正確な説明を与えることは、意外なほど難しい。解答の候補の一つは、この世界には「赤さそのもの」が存在し、個々の赤いものはこの性質を共有している、というものだ。

有名な古代ギリシャの哲学者プラトンの「イデア論」もこのタイプの説明である。プラトン的な考え方では、この世界には「赤のイデア」が存在しており、赤いものはそれを分有するのだとされる。しかしこの解答に満足しない哲学者も多い。プラトン的な考え方では、赤いポストや赤いりんごとは別に、「赤さ」そのもの、「赤のイデア」のようなものが存在するということになるが、本当にそんなものがあるのだろうか。赤いポストや赤いりんごは存在しても、それらと切り離された「赤さ」そのものなど存在しないのではないか。このような問いに答えようとする研究も、形而上学と呼ばれる。

いま挙げた、人の同一性に関する問いや、「赤さそのもの」は存在するのか、という問いは、形而上学で扱われる典型的な問いである。これらの答えを考えていくと本をもう一冊書かなければならなくなるため、ここでは問いを示すだけにとどめる。さしあたり、形而上学がこのような非常に抽象的な問いを扱う学問領域であるということがわかれば十分である。[11]

さて、独立主義へと話を戻そう。形而上学は確かに、自然科学とかなり異なった趣を持っている。独立主義はこのことを背景に、形而上学は自然科学の一部門ではあり得ないと主張する。したがってこの考え方によれば、形而上学を含む哲学は単なる科学の一部門ではなく、科学から独立した学問である。また、独立した学問でありながら、人類の知識を増やすことに貢献できる、本当の意味での学問でもある。[12]

11　これらの問いを哲学者がどう論じているか平易に解説した本に、スティーヴン・マンフォード『哲学がわかる　形而上学』（秋葉剛史・北村直彰訳、岩波書店、二〇一七年）や鈴木生郎・秋葉剛史・谷川卓・倉田剛『ワードマップ　現代形而上学』（新曜社、二〇一四年）がある。また、「色そのもの」についての問いには、本書の第三章と第四章で再び触れることになる。

12　独立主義について詳しくは、トゥオマス・E・タフコ編著『アリストテレス的現代形而上学』（加地大介・鈴木生郎・秋葉剛史・谷川卓・植村玄輝・北村直彰訳、春秋社、二〇一五年）を参照。ただし、「独立主義」は議論を見やすくするためにつけた本書オリジナルの名前である。

自然科学主義VS.独立主義

自然科学主義と独立主義という二つの考え方は、真っ向から対立している。一方の自然科学主義は、哲学は自然科学の一部門だと主張する。この主張は同時に、「仮に自然科学の一部門でないのだとしたら、哲学は本物の学問としての地位を失うことになるだろう」という、哲学に対する痛烈な批判を含んでいる。他方の独立主義は、「哲学は自然科学の一部門である」という主張と、「自然科学の一部門でないような哲学は本物の学問ではない」という主張の両方を否定する。独立主義によれば、哲学は自然科学の一部門ではないが、本物の学問である。

ここで一つ留意すべきなのは、独立主義に立つ哲学者も、哲学と科学に全く関係がないと主張するわけではない、ということだ。自然科学と独立に遂行された形而上学的な探究が、結果的に自然科学研究の役に立つということもある。例えば、独立主義の立場に立つ現代の代表的な哲学者であるトゥオマス・タフコは、形而上学的な探究は、自然科学においてデータを解釈する際に役立つことがあると主張している。[13] 例えばすでに挙げた人の同一性に関する知見は、ある人の子ども時代の習慣が、大人になってからの病気に影響するか否かを医学的に研究するような場合に役立ち得るだろう。したがって独立主義者は、哲学が自然科学の一部門になるということは否定しても、両者が互いにとって役立ち得るということまでを否定するわけではない。

逆に自然科学主義の側に立つ哲学者の多くも、「哲学的な探究を全てやめてしまえ」などと主張しているわけではない。大学から文学部や哲学科が廃止される必要もないし、哲学者は原則としてこれまでどおり哲学的な探究に携わることが期待されている。彼らが主張するのは、それらの哲学的な探究が最終的には自然科学の一部門としての役割を果たしているはずだ、ということである。

自然科学主義と独立主義は、いずれも私たちの常識的な考え方の一部をくみ取るものであり、それぞれに魅力を持っている。自然科学主義は、何よりも科学こそが知識の増大に大きく貢献しているという、「科学の時代」を生きる私たちの常識的な考え方に合っている。他方の独立主義は、そうは言っても科学では解き明かせないこともあるはずだ、したがって哲学には科学にはない固有の意義があるはずだ、という、これまた私たちの常識的な考え方に合っている。いずれの考え方も、本書の読者のように学問に興味を持っている現代人であれ

13　タフコ「アリストテレス的形而上学を擁護する」(『アリストテレス的現代形而上学』第二章、五九-九〇頁)。

ば、多かれ少なかれ共感できるものであろう。だからこそ、両者の対立は、いずれを簡単に退けることもできない、解決困難な問題となっているのである。

このように、科学主義と独立主義の間には、のっぴきならない対立状況がある。この対立について、どのように考えればよいのだろうか。次節からは、この問いについて、「科学の時代」の始まりに生きていたヘーゲルの哲学の中にヒントを探ってみたい。

二　ヘーゲルの科学論

ヘーゲルと科学の時代

ヘーゲルと聞いて、科学について考え抜いた哲学者だ、というイメージを思い浮かべる人は少ないだろう。哲学についての予備知識がある読者にはなおさら、ヘーゲルと科学という組み合わせは、意外なもの、それどころかあり得ないものにすら思われるかもしれない。

このような印象があるのは無理からぬことである。というのも、ヘーゲル哲学の中でも一般的によく論じられるのは、歴史や国家といった、科学とは縁の薄そうなトピックだからだ。まして、現代の科学と哲学の関係を考えるのに、二百年も前の哲学者の言うことが役立つとはにわかには信じられない、という読者もいるだろう。

しかし、ヘーゲルは紛れもなく、科学について深く深く考え抜いた哲学者の一人である。しかも、ヘーゲルが考えていた科学は、決して現代の科学と断絶したものではなかった。彼は**現代まで続く科学の時代の入り口に生き、現代にも通用するような科学論を残している**。

これについて論じるために、まずは一八〇〇年前後の科学の歴史をたどり、ヘーゲルとの関係を明らかにしておきたい。

一八〇〇年ごろの科学

近代科学の幕開けを告げたニュートンの『プリンキピア』が世に出たのは一六八七年。一七七〇年にヘーゲルが誕生するより八十三年前のことである。ニュートンとライプニッツがそれぞれ独立に微分法を発見したのもこのころだ。このころを境に、力学や光学のような物理学、およびそれに密接に関わる天文学の分野で、現代に直接つながるような発見や理論の構築が相次いでなされることになる。

これらに少し遅れて、物理学以外の自然科学の分野でも、現代につながるような「科学革命」が進行する。化学・熱力学の分野で、ものが燃えるときには酸素が必要であるという発

ヨハン・ヴォルフガング・フォン・ゲーテ
（1749～1832）
Joseph Karl Stieler による肖像画

アイザック・ニュートン
（1642～1727）
Godfrey Kneller による肖像画

見につながったラヴォアジェの業績や、電磁気学において粒子がもつ電荷量と距離が、粒子間にはたらく力に与える影響を数式で表したクーロンの法則の発見は、いずれも十八世紀後半、ヘーゲルが年少のころの出来事である。ヘーゲルが活躍した一八〇〇年ごろには、現代につながる「科学の時代」はすでに始まっていたと言える。[14]

このような時代の趨勢《すうせい》は、ドイツの人文学の世界にも影響を与えていた。すでに言及したライプニッツのほか、若き日のカントが物理学や天文学の業績を残しているのは有名なエピソードである。カントは晩年の『判断力批判』では、有機体すなわち生き物の身体についても哲学的な考察を残している。また、カントより上の世代にあたり、ドイツでも広く読まれていた隣国スイスの詩人ハラーは、生理学の祖として、現在でも生理学の教科書に名前が出てくる人物である。

よりヘーゲルに近い世代では、大詩人ゲーテと、若きヘーゲルの盟友でありのちにライバルとなったシェリングの名前を忘れることはできない。ゲーテといえば『若きウェルテルの悩み』や『ファウスト』のような文学作品が有名だが、同時にゲーテは自然科学に強い関心を示していた。特に光学には並々ならぬ関心を示し、ニュートンの論駁《ろんばく》を試みる『色彩論』を著してもいる。また、いわゆる「ドイツ観念論」の哲学者としてヘーゲルと並び称されるシェリングは、カントの超越論哲学に加えて、科学と深い関わりを持つ自然哲学を重視した体系を構築しようとした。彼は「ポテンツ」という概念を用いて、物質の運動と電磁気学や化学、生物学を体系的に捉えようとしていた。

さらに時代が下ると、自然科学の隆盛は決定的なものになる。一部の論客は、哲学を科学と対立するものとして捉え、哲学からの科学の独立を唱えるようになる。こうした立場から

14　この間の科学の歴史を初学者が手軽に知れる書物として、小山慶太『科学史年表　増補版』（中公新書、二〇一一年）がある。また、古川安『科学の社会史』（ちくま学芸文庫、二〇一八年）からは、この時代の科学を取り巻く雰囲気がわかる。

見れば、科学にとって哲学は邪魔者だということになる。このような立場からの批判は、当時ドイツを代表する哲学者になっていたヘーゲルその人の哲学体系にも向けられていた。

ヘーゲルの科学論は現代に通用するか

このような時代状況に、ヘーゲルはどのように応答したのだろうか。ヘーゲルも、同時代の科学の趨勢に影響を受けた思索を展開している。教科書として執筆された『エンチュクロペディー』には、理論哲学を扱う「論理学」、実践や倫理、社会などについて扱う「精神哲学」と並んで、自然科学の成果を採り入れようとした「自然哲学」という部門が設けられている。この事実だけをとっても、ヘーゲルにとって自然科学が重要な関心事だったことは明らかだ。

しかし、ヘーゲルの科学論は評判がいいとは言えない。その理由は、一言で言えば、彼の科学論が、**反ニュートン**、**親ゲーテ**であることによる。ニュートンといえば、言わずと知れた近代科学最大の功労者である。彼の功績を抜きにして、現代の科学を語ることはできない。他方、ゲーテについては、詩人としての名声は全く衰えていないが、彼の科学における業績には誤りも多く含まれ、評価が高いとは言えない。このゲーテの誤った学説を支持したヘーゲルの科学論に見るべきところはない、という診断も、根拠のないものではない。

それでも私は、ヘーゲルの科学論には一定の意義が認められると考えている。確かにヘーゲルは、誤った科学理論を支持した。「天体はなぜ運動するのか」や「虹はなぜ七色なのか」といった、具体的な科学の問いに対する彼の答えは様々な誤りを含んでいる。それでも、科学の一般的な方法論についてや、科学と哲学の関係についてのヘーゲルの議論には、光るものがある。科学論の一部が誤っているからといって、これらの優れた議論をも一緒に捨ててしまう必要はない。

問題の所在を見やすくするために、現代の科学哲学者、ラリー・ラウダンの科学論を参照してみたい。ラウダンは、著書『科学と価値』の中で、科学とは何かを理解するためのモデルとして、「網状モデル」を提案している。[15] 網状モデルとは、理念、方法論、存在論の三つの要素を分けて、科学においてこれらが網の目のように相互に影響し合っていることを捉えるためのモデルである。

科学における理念とは、科学は何のためにあるのか、科学は何を目指すべきなのかといっ

15　ラリー・ラウダン『科学と価値——相対主義と実在論を論駁する』（小草泰・戸田山和久訳、勁草書房、二〇〇九年）。

た考え方のことである。我々の関心に引きつけて言えば、科学と哲学の関係をどのように理解すべきかに関する考え方も、科学の理念の一部を構成するだろう。

方法論とは、実験をどのように行うべきか、得られたデータをどのように処理すべきかといった、研究の進め方に関する決まり事のことである。例えば、中学校までの理科の授業でも扱われる「対照実験」の考え方は、科学の方法論の代表例である。日光が植物の成長に影響を与えるかどうかを調べるためには、植物に日光を当ててみるだけでは不十分である。二株の植物を用意して、一方には日光を当て、他方には日光を当てないようにして、両者を比べるという方法によって初めて、日光が植物の成長に与える影響を確かめることができる。しかもこのとき、日光を当てたかどうか以外の条件、例えば土の栄養状態などは、全く同じになるようにしなければならない。対照実験は特に単純な例であるが、このような様々な方法論に則って、科学の研究は進められている。

最後に存在論である。存在論といっても、「存在とは何か」のようないかにも哲学的な問題はここでは関係がない。もっとシンプルに、科学は、実際にこの世界に何が存在しているのかを明らかにしてきた。例えば現代の科学では、水分子や水素原子、電子、ブラックホール、DNAなどが存在すると考えられている。しかしこれらが存在することは、近代以前には知られていなかった。この意味で、科学には、何が存在するのかを明らかにする学問だという性格があるのだ。これがラウダンの言う、科学における「存在論」である。私たちが「科学理論」という言葉で真っ先に想像するものが、この存在論のレベルに含まれている。

このラウダンの区別を用いると、ヘーゲルの科学論への評価をより正確に言い表すことができる。つまり、天文学や光学に関するヘーゲルの誤りの多くは、存在論レベルの誤りだった。例えばヘーゲルは、冥王星は存在しないと考えていたが、これも「存在論」に関する誤りである。しかし、理念や方法論のレベルでは、ヘーゲルの科学論にも見るべきところは多く含まれている。

ヘーゲルと科学の方法論

方法論のレベルでヘーゲルが強調するのは、**データを解釈し、理論全体の中に位置づける**ことの重要性である。ヘーゲルは実験や観察だけでなく、それらを踏まえた「証明」が必要なのだと言う。

少しだけヘーゲルを引用してみよう。

法則を発見するだけでなく、それが必然的であるということを認識するためには、さらなる証明、すなわち媒介が必要である。[16]

法則を「発見する」だけなら、実験や観察を繰り返せばよいかもしれない。繰り返しデータを取ることで、例えば「物体の落下速度は、落下が始まってからの時間に比例する」といった法則を発見することができる。しかし、科学の探究はこれで終わりではない。この法則が他の諸法則とどのような関係にあるのかをつきとめ、全体の体系性を明らかにすること。ここに、科学の真骨頂がある。これを通じて新たな仮説を立て、さらに実験によってそれを確かめる、というプロセスを繰り返して、科学は発展してゆく。

ヘーゲルの診断によれば、これを正しく捉えていたのはニュートンではなくゲーテであった。ゲーテは、先述したとおり、詩人としての顔だけでなく、科学者としての顔も持っていた。現代では顧みられることの少ないゲーテの科学理論を、ヘーゲルは熱烈に支持していた。このゲーテへの熱烈な支持は、存在論のレベルでは誤りであったが、方法論のレベルではあながち間違っていなかったのだ。

実は、ニュートンは近代科学や「ニュートン力学」の方法論を確立したわけではない、と言ったら驚かれるだろうか。自己矛盾的にすら思われるかもしれない。しかし、落ち着いて考えてみれば、これはそれほどおかしなことではない。ニュートンの業績は、近代科学の出発点ではあるが、そのあとも「ニュートン力学」は数百年にわたって発展を続けた。その成果の多くは、ニュートン本人ではなく、そのあとに続いた科学者たちの努力によって得られたものである。ニュートンは「ニュートン力学」の礎を作った偉大な科学者だが、「ニュートン力学」の完成者ではないのだ。したがって、ニュートン本人が近代科学の方法論を確立していないということは、決しておかしなことでも、驚くべきことでもない。

「ニュートン力学」の方法論は、二十世紀初頭にアインシュタインの相対性理論が登場するまで、百年以上の時間をかけて、少しずつ現在知られているような形に整備されてきた。ヘーゲルの生きた時代には、ニュートン力学はまだ発展途上にあり、様々な問題を抱えていたのだ。

16　G. W. F. Hegel, Gesammelte Werke, Band 11, Friedrich Hogemann und Walter Jaeschke(Hg.)。Felix Meiner. 1978, S. 346.（ヘーゲル『論理の学　第二巻　本質論』、山口祐弘訳、一四五頁）。訳文は私自身で訳し直したものである。なお、同じ全集から引用する場合には、以下では「GW」並びに「邦訳」と略記して、各々の巻数とページ数を示した。

ヘーゲルがゲーテの学説を重視した理由も、これを考慮すれば理解できる。すなわちヘーゲルは、ニュートンの方法論の不十分さを指摘し、ゲーテの方法論を支持した。したがって、ヘーゲルがラウダンの言う存在論のレベルで誤っていたとしても、ヘーゲルの科学論全体が無意味だということにはならない。

それでは、理念のレベルではどうか。これに関するヘーゲルの主張を一言で言えば、科学と哲学は互いに対立するのではなく、協調すべきだ、というものだ。これは、現代の私たちにもとりわけ深く関わるテーマであり、第一節で提起した問いにも直接関わるため、節を改めて詳しく考えていく。

三　科学と哲学の健全な関係

本章の第一節では、現代哲学における自然科学主義と独立主義の対立状況を紹介した。何よりも科学こそが知識の増大に大きく貢献しているという見方を重視する自然科学主義と、そうは言っても科学では解き明かせないこともあるはずだという見方を重視する独立主義は、現代哲学において鋭く対立するのであった。

科学の理念に関するヘーゲルの洞察は、現代においてますます先鋭化するこの対立と非常に深く関わっている。ヘーゲルの生きた時代は、次第に自然科学主義的な考え方が力を増し、哲学を押しのけるようになりつつある時代だったからだ。

ヘーゲルと自然科学主義

ヘーゲルは、『エンチュクロペディー』という著作の改訂版において、**「追思考《ついしこう》（ナッハデンケン Nachdenken）」**という概念を用いて、科学と哲学の関係について論じている。現代日本の研究者、下田《しもだ》和宣《かずのぶ》の研究に依拠しながら、これについて見てみよう。[17]

詳しい議論に進む前に、「追思考」という耳慣れない語について解説しておこう。「追思考」の「追」にあたるドイツ語の「ナッハ（nach）」は、「〜のあとで」と「〜について」という二つの意味を持つ前置詞である。「デンケン（denken）」は「思考」にあたる。ヘーゲルはこの「ナッハ」の多義性を巧みに利用して、**「何かについて、あとからよく考える」**という意味をこの「追思考」という語に込めようとしている。

17　以下の叙述は、下田和宣『宗教史の哲学——後期ヘーゲルの迂回路』（京都大学学術出版会、二〇一九年）の第一章「「追考」の論理——自己化する知と体系化の根底」に依拠しながら、本書の目的に合うように簡略化と再構成を加えたものである。

さて、それではヘーゲルは、この「追思考」の概念を用いて、科学と哲学の関係をどのように捉えたのだろうか。まずは自然科学主義と対比させながら、ヘーゲルの主張について考えたい。

当時の自然科学主義者たちは、ヘーゲルが自然科学の成果に言及し、それを自らの体系に採り入れようとしたことを、高慢な態度と見なした。彼らによれば、自然科学は哲学の助けを借りずとも、独立して遂行され得る。哲学の領域の外で、人々の常識に照らしながら、自然科学の探究は発展させられることができるし、そうすべきである。科学を不当に拘束しようとする哲学の影響は、排除されるべきである。

こうした論調に抗うべくヘーゲルが訴えるのが、「追思考」の概念だ。ヘーゲルによれば、自然科学の成果は、哲学によって「追思考」されなければならない。すなわち、自然科学の成果について、あとから考えて、その妥当性や意義を明らかにするという仕事が、哲学には残されている。したがって、自然科学と哲学が完全に切り離されるべきだという批判者の主張には、ヘーゲルの立場からすれば問題がある。

十九世紀、ヘーゲルの時代の自然科学主義者は、自然科学を哲学から切り離すべきだということを強調していた。その背景には、物理学や生物学のような領域が「自然哲学」の一部に組み入れられていた当時の学問の状況がある。これと、現代の自然科学主義の主張は少し異なっている。現代の自然科学主義についておさらいしながら整理しておこう。

　現代の自然科学主義とは、哲学は自然科学の一部となるべきだ、という立場のことであった。ヘーゲルの生きた十九世紀は、哲学が科学より優位に立っていた時代の末期にあたる。この時代には、自然科学主義は哲学からの科学の独立を訴えなければならなかった。一方で、二十一世紀を生きる私たちにとっては、科学と哲学を別々のものとして捉える見方こそがむしろ常識となっている。このような状況の中で、哲学を自然科学の中に取り込んでしまおう、というのが現代の自然科学主義である。科学だけが真正の探究なのだから、哲学がもし真正の探究であり続けるならば、科学の一部となるはずだ。もしそうならないのなら、哲学はまともに取り合うべきものではないということになる。現代の自然科学主義者はこう主張する。十九世紀の科学主義が科学の哲学からの独立を主張したのに対し、現代の科学主義はさらに踏み込んで、哲学の科学への従属を主張しているのだ。

　それでは、ヘーゲルの議論は、現代の自然科学主義とはどのような関係にあるだろうか。ヘーゲルによれば、哲学の仕事は、自然科学の成果について、あとからその妥当性や意義について論じる「追思考」にあるのだった。この考え方は、現代の自然科学主義とも異なるものだ。現代の自然科学主義では、自然科学という統一的な営みの中の一つの分野としてのみ、哲学の居場所が残される。これに対してヘーゲルの「追思考」は、自然科学の成果を前提しそれと協調的な路線を歩む考え方ではあるが、自然科学の一部をなすものではない。**科学に取り込まれるのでもなく、しかしそれと袂《たもと》を分かつのでもなく、ともに寄り添って歩む営みとして哲学を捉えること**。これが、ヘーゲルの考える哲学と科学の関係である。

ヘーゲルと独立主義

現代哲学において自然科学主義と対立する立場に、哲学独立主義があった。この立場とヘーゲルの立場はどのような関係にあるのだろうか。

まず、独立主義がどのような立場だったかを振り返っておこう。独立主義によれば、伝統的な哲学の中には、自然科学とは独立した目的を持つ探究領域がある。それが形而上学である。この形而上学の独立性ゆえ、哲学は自然科学の一部門とは言えない。形而上学はこの意味で、「第一哲学」である。ただし、独立主義は、哲学と科学に全く関係がないと主張するわけではないのであった。独立主義は、形而上学的な探究が自然科学研究の役に立つということを積極的に認める。彼らが否定するのは、哲学が自然科学の一部門になるという主張であり、哲学の独立性が保たれる範囲で哲学が自然科学と協調すべきだということは否定されない。

この考え方は一見するとヘーゲルの思想に近いようにも思える。ヘーゲルも自然科学の成果を認め、それと協調的な路線を行きつつ、自然科学とは独立した哲学を構想していた。そして哲学のこの役割が「追思考」と呼ばれたのだった。これと現代の独立主義は、自然科学と協調しつつもそれとは独立なものとして哲学を捉える点で共通している。

しかし、両者には細部に違いがある。この違いは、独立主義において哲学が自然科学に「先立つ」ものとされるという、本書でまだ論じてこなかった論点に関わる。

独立主義の代表的な論者として先ほども登場したタフコによれば、第一哲学としての形而上学は、自然科学にとって必要であり、かつそれに先立つものである[18]。例えば、「ブラックホールは存在する」という自然科学の知識について考えてみよう。独立主義者なら、この自然科学の知識が成り立つためには、「存在する」とはどういうことなのかがわかっていなければならない、と言うだろう。そして、この「存在する」とはどういうことかという問いに

18　この議論も、タフコ「アリストテレス的形而上学を擁護する」にある。

ついての探究は、科学とは独立した第一哲学としての形而上学によってなされる。この形而上学の探究は、科学に先立ってなされるのでなければならない。

この点において、ヘーゲルの「追思考」の思想と独立主義は袂を分かつことになる。追思考は科学のあとからなされるものだからだ。現代の独立主義は、第一哲学としての形而上学の科学にとっての貢献はいわば、科学に先立って科学的な探究のための「地ならし」をすることにあると考えている。これに対して、ヘーゲルの「追思考」の哲学の役割は、科学的な探究のあとから、その意義や妥当性を考察することにある。この違いを見過ごしてはならない。

科学と哲学はどう関わるべきか

これまで、ヘーゲルの「追思考」の哲学と、現代の自然科学主義、独立主義それぞれとの関係を整理してきた。「追思考」の哲学は、現代の自然科学主義者が言うように、科学の一部に取り込まれるわけではない。しかし、独立主義者が言うように、科学に先立って遂行されるものでもない。したがってヘーゲルは、自然科学主義と独立主義のいずれとも異なる立場の可能性を私たちに見せてくれている。

しかし、ヘーゲルが教えてくれるのはここまでだ。ヘーゲルがくれたこのヒントを活用して、現代の科学と哲学の関係について考えるという仕事は、私たちに残されている。最後にこの点にもう少しこだわって、思考を深めてみよう。

「追思考」は科学の成果について、あとから深く考えることを勧める方法論だ。ところで現代には、「科学哲学」と呼ばれる、「科学を対象とする哲学」がある。この分野では、科学の歴史についての分析を背景に、科学とは何か、科学はどうあるべきかを明らかにしようとする探究が続けられている。[19]「追思考」の方法論は、これらの探究に重なるようにも思える。

しかしヘーゲルが実際に展開する哲学は、科学のみを対象としているわけではなく、むしろ形而上学がその中核に据えられているのだ。ここに「追思考」の「追」の意味を改めて考える必要が生じる。哲学は科学に先立つわけではないが、単に科学について吟味することのみが哲学の仕事であるとも思われないのだ。これをどう考えるべきだろうか。

私の考えでは、おそらくヘーゲルも同意してくれると思うのだが、**哲学と科学は対等に協力し合う関係にある。**自然科学主義が言うように、哲学が自然科学の一部になる必要はない。

19　この分野を知るために有用な本として、伊勢田哲治『疑似科学と科学の哲学』（名古屋大学出版会、二〇〇三年）等がある。ラウダン『科学と価値』もこの分野の専門書である。

しかし同時に、独立主義が言うように、科学と独立に、それに先立って遂行される「第一哲学」として形而上学の領域が確保されるということもない。哲学と科学は、お互いに影響を与え合うものである。哲学は科学的探究の成果を無視することはできないし、その成果を前提しなければ哲学を始めることすらできない。同時に、自然科学も哲学的探究の成果を無視することはできないし、その成果を前提しなければ始められない。両者は一体となって「学問」を構成するとは言えるかもしれないが、これは哲学が自然科学の一部になることとは異なる。これが、私がヘーゲルとともに考えた、哲学と科学の健全な関係である（**図2**）。

最後に、ここに「弁証法的」な構造が見られることを強調しておこう。ヘーゲル的な立場はここでも、自然科学主義と独立主義という両極端のいずれにも立たない、いわば「どっちつかず」の道を行こうとする。弁証法的な対立を取り込んだまま、前に進もうとするのだ。このような立場は曖昧であり、独特の不安やいらだちにつながる。スッキリしないのだ。

しかしここでも私たちは、このスッキリしない場所にとどまり、考え続けなければならない。繰り返しているように、この辛抱強さこそが、私たちがヘーゲルに学ぶべき「考え抜く力」なのである。

図2

●自然科学主義：哲学は、自然科学の一部になる

●哲学独立主義：形而上学は自然科学を基礎づける

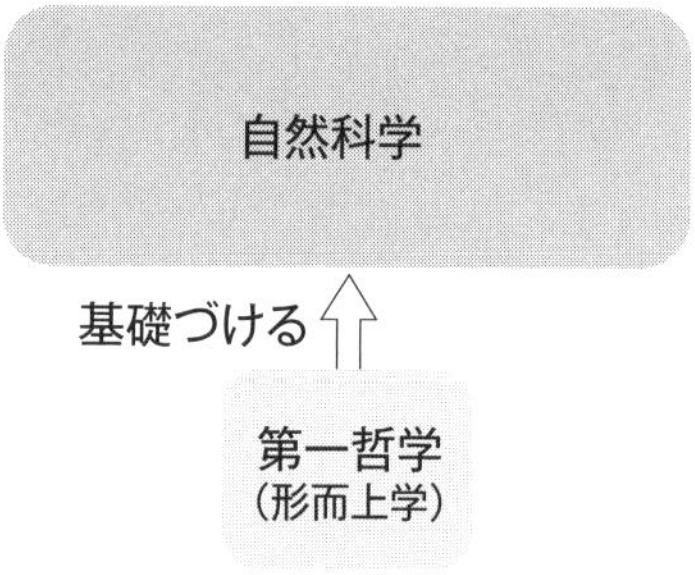

●ヘーゲルの「追思考」：哲学と科学が協調して「学問」を作る

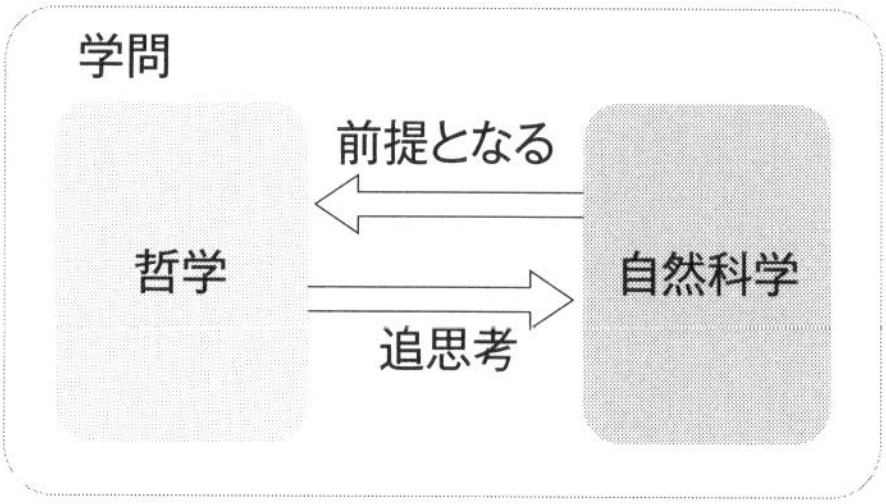

第二章

「存在」を考え抜く

一　存在論とは何か

「存在」を問う哲学

本章で扱うテーマは「**存在**」だ。第一章「生き方」、第二章「学問」ときて、ますます抽象的で意味のわからないテーマになった、と感じる読者もいるだろう。逆に、いよいよ哲学の本丸にさしかかったな、と知的な興奮を覚える読者もいるかもしれない。

「存在」をめぐる問題は、哲学にとって最も重要なテーマだとされてきた。現代まで名前が伝わっている最古の哲学者、古代ギリシャのタレスは、「万物の根源」を問い、それは水だと考えた。この「万物の根源」への問いは、「本当は何が存在するのか」という問いとも言い換えられる。タレスは、人間の目に映る世界には様々なものが存在するように見えるが、しかしその根源に、本当に存在しているものは、「水」だけだと考えた。

現代を生きる私たちは、タレスの主張が間違っていると知っている。しかし同時に、この世界を本当に成り立たせているのは、目に映るものではなく、それを構成する分子や原子であり、さらにはそれらの分子や原子を構成する、クオークやニュートリノといった素粒子なのだと知っている。存在の問いは、一見浮世離れしているようでいて、実は現代でも私たち一人一人が暗黙に共有する世界観の中に入り込んでいるのだ。「**本当は何が存在するのか**」、また、「**何かが存在するとはどういうことなのか**」という問いは、その後の西洋哲学の伝統の中でも中心にあり続けた。大哲学者プラトンの有名な「イデア論」も、この問いに答えようとして提出されたものだ。また、アリストテレスがこの問いを正面から扱った際の講義ノートは、『形而上学』というタイトルで現代まで伝えられることになる。中世には、この問いをめぐって、「普遍論争」と呼ばれる一大論争も勃発した。近世フランスのデカルトの言葉「われ思う、ゆえにわれあり」は、哲学者の言葉としてもっとも人口に膾炙《かいしゃ》しているものの一つだが、この言葉も、「何が存在するのか」という問いに答える過程で、「〈私〉は存在する」と主張するものである。

　とはいえ、これらの偉大な哲学者たちがどのような議論を展開したかを一つ一つ詳述する余裕は本書にはない。ここではひとまず「存在」が西洋哲学史の重要テーマであり続けたことを確認することで満足しておこう。その上で本章では、まずは私たち自身の問いとして存在論の問題を捉え直したい。そこを起点に、ヘーゲルの存在論へと進んでゆく。

　そのような高尚な議論に興味はない、と思われてしまう前に、本章の目的をもう一つ、急いで付け加えておこう。本章の最終的な目的は、存在論は哲学にとっての花形であるだけでなく、実践的に役立てることも可能だ、と読者を説得することである。本章の最後の部分では、このいかにも「哲学的」で日常生活には関わらなさそうな議論が私たちの日常とどう関わっているか、ビジネスにおいてどう活かせるかということについても論じたい。

この本は存在するか

「いまあなたが読んでいるこの本は存在するか？」と問われたら、あなたはどう感じるだろうか。存在するに決まっている、あまりにも馬鹿げた問いだ、と思うだろうか。この問いは、いかにも哲学者が好みそうな言葉遊びで、考える価値のない問題だと思われるだろうか。あるいは、そもそも何を聞かれているのか理解することすらできない、と言いたくなるだろうか。そのように思われたとしても、無理のないことであろう。そこで、ひとまずはこの問いが理解可能であり、それどころか興味深い問いだ、と読者の皆さんを説得することから始めたい。

例えばこの問いを次のように言い換えてみよう。「本当に存在するのは本なのか、それともそれを構成する紙やインクなのか？　あるいは、紙やインクを構成するセルロースの繊維や炭素原子、さらにそれを構成する素粒子なのか？[20]」。このように問われると、どう答えてよいのかわからなくなってくる。もしあなたが科学に詳しければ、こう問いただされれば、本ではなく素粒子が存在するのだと答えたくなるだろう。他方で、「この本は本当は存在しない」という結論は、あまりにも荒唐《こうとう》無《む》稽《けい》なもので受け入れられない、と考える読者もいるかもしれない。

このような思考の筋道をたどると、「この本は本当に存在する」とも、「この本は本当は存在しない」とも簡単には結論づけられなくなる。少なくとも、もっとよく考えてみなければ、うまく答えられなさそうだ。そう感じていただけたなら、ひとまずは私の説得は成功である。それこそまさに、「この本は存在するか」という問いの意味がわかり、その興味深さの一端に触れられたということだからだ。いま、皆さんはまさに、「何かが存在するとはどういうことか?」を問う西洋哲学のメインストリート、存在論の入り口に立っている。

「普遍」と「個物」

いま話題にしたのは、現代哲学で「構成」の問題と呼ばれるものだ。机とそれを構成する

20　これは先ほど、タレスに始まる「万物の根源」への問いを解説したのと同じ仕方での問いの立て方である。

木材は同じものなのか、違うのか。違うとしたら、どちらが本当に存在するものなのか。例えば、あなたが粘土で小さなハチ公像を作ったら、粘土のかたまりに加えて、新しく小さなハチ公像が存在し始めることになり、したがってこの世界に存在する物の数が一つ増えることになるのか。それとも、粘土がただのかたまりだったときと、存在する物の数は変わらないのか。「構成」に関連して、このような問いが現代でも問われ続けている。

しかし、西洋哲学の存在論の分野で最も激しい論争を呼んだのは、構成の問題ではなく、**「普遍」**をめぐる問題だ。この論争は「普遍論争」と呼ばれることもある。前章で形而上学とは何かを説明する際に「赤さそのもの」は存在するか、という形で簡単に触れた議論であるが、これがどのような問題かについてより詳しく見てみたい。

具体例から始めよう。私はいま、白い直方体の真新しい消しゴムを持っている。この消しゴムは、「白い」、「直方体である」、「新しい」といった特徴を持っている。これらの特徴のことを、哲学では専ら「性質」と呼ぶ。「性質」は日常的にも用いられる言葉だが、哲学では半ば専門用語となっている。

先ほど「普遍」をめぐる問題が存在論で最も激しい論争を呼んだと言ったが、この「性質」こそが「普遍者」とも呼ばれてきたものだ。例えば、「白い」という性質は普遍者である。これに対して、これらの性質を担っている消しゴムのようなものを「個物」ないし「個別者」と言う。「白い」という性質が普遍者だと言われるのは、これが消しゴム以外の全ての白いものに、「普遍的に」当てはまるからである。砂糖も、塩も、ホワイトハウスも、ギリシャ神話に出てくる空飛ぶ馬、ペガサスも、「白い」という性質を共有している（**図3**）。「直方体である」についても同様だ。この本も、豆腐も、あなたが小学一年生のときに通った教室も、全て「直方体である」という性質を共有している。これに対して、個別者は一つしかない。白いものはたくさんあるのに対し、いま私が持っている白い消しゴムは一つしかない。ホワイトハウスも一つしかない。直方体であるものはたくさんあるが、あなたが小学一年生のときに通った教室は一つしかない。このような意味で、「白い」のような性質は普遍者（あるいは単に「普遍」）、特定の消しゴムのようなものは個別者（あるいは「個物」）と呼ばれる。

右のような仕方で普遍者と個別者を分けることは自然なことのように思える。しかしここから、西洋哲学史上最大の問題の一つが生まれてくる。それは、**普遍者は本当に存在すると言えるのか、また、もし存在するとしたらどのような仕方で存在するのか**、という問題だ。これについて考えてみよう。

図3

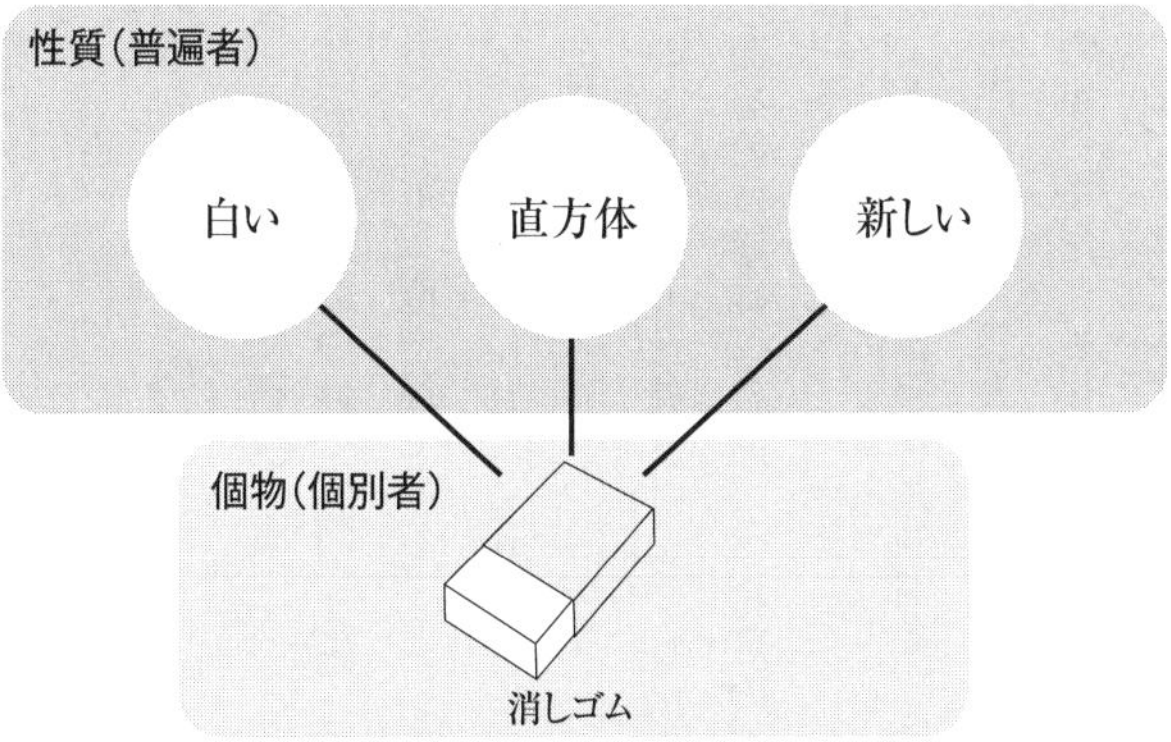

個物は様々な性質を持つ

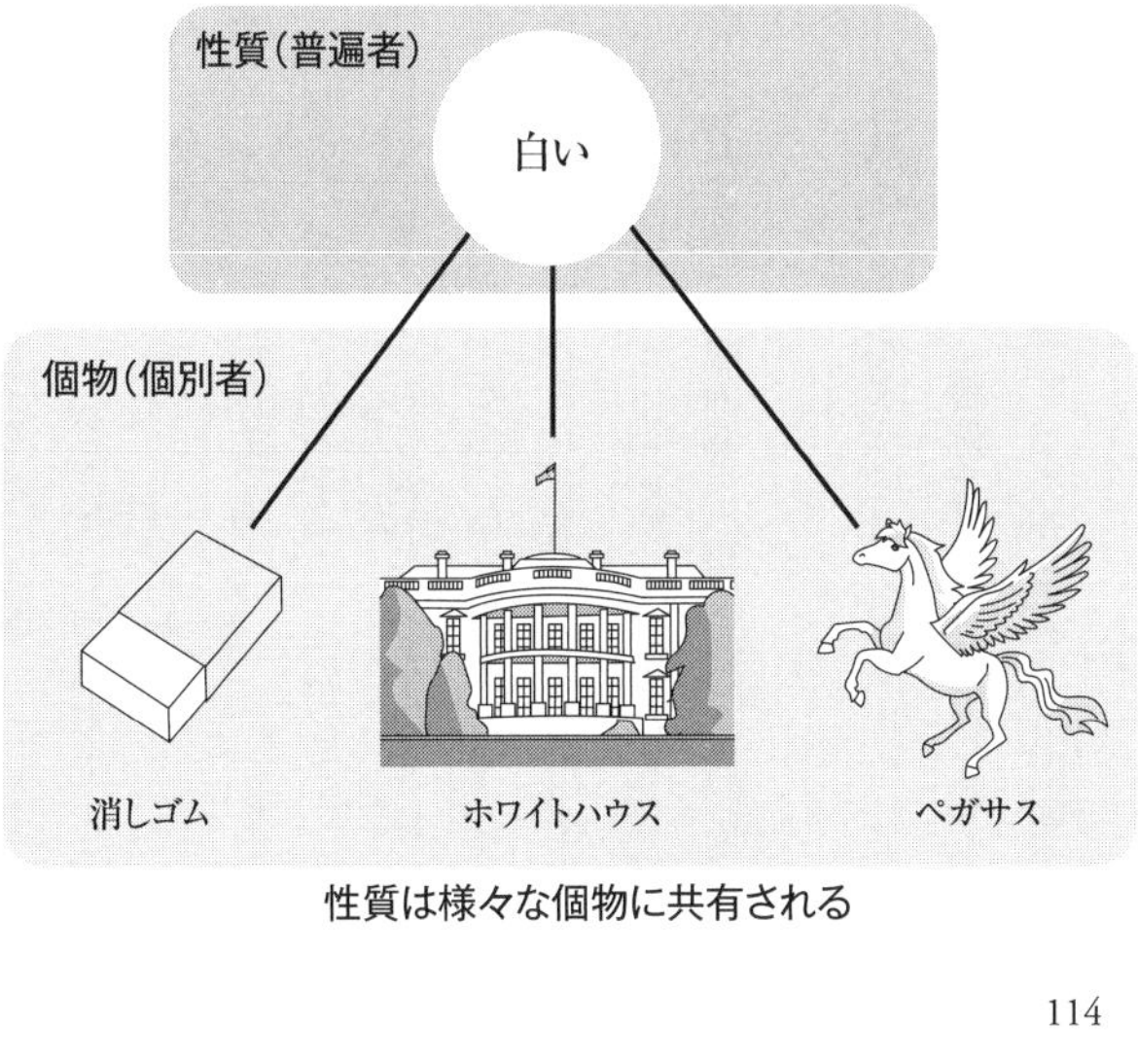

性質は様々な個物に共有される

私が持つ白い消しゴムは、少なくとも通常の感覚では、明らかに存在する。[21] しかし、この消しゴムが持つ白さ、すなわち「白い」という性質が存在すると言えるかどうかについては、通常の感覚で判断することは難しいかもしれない。私たちは白い消しゴムや白い家を見たことがあるし、ほとんどの人はそれらに触れたこともあるだろう。しかし、「白さ」そのもの、「白い」という性質そのものを見たことがある人など一人もいない。私たちが見ているのは白い消しゴムであって、白さそのものではないのだ。

また、「白さ」が存在するとしたとき、それがどの場所にあるかもわからない。例えば私の消しゴムは私の家にあり、ホワイトハウスはアメリカのワシントンDCにある。それでは、それらが持つ「白さ」はどこにあるのだろうか。私の家と、ホワイトハウスの住所であるワシントンDCペンシルベニア大通り一六〇〇の両方に、そしてその他の白いものがある全ての場所に、同じ「白さ」が存在するのだろうか。それはかなり奇妙なことではないだろうか。

このように考えると、「白い」という性質、普遍者が存在すると考えるのは、かなり具合の悪いことだ、と感じられてくる。

21　哲学の心得のある読者は、ここで先ほどの「構成」の問題が再び気になってしまうかもしれない。しかしここでは「普遍」の問題に焦点を定めるために、さしあたり「構成」の問題は脇に措いておくことにする。

しかし、「白さ」が存在すると考えた方が都合のよい、したがって、「白さ」が存在しないと考えると都合が悪くなる場面もある。例えば、私の消しゴムとホワイトハウスはどちらも「白い」という性質を共有していると考えられる。だからこそどちらも白いと言われる。ここで、「白い」という性質が存在しないとしたらどうなるだろうか。私の消しゴムとホワイトハウスが共通して持つものなど何もない、ということになるだろう。それではなぜ、何も共通するところのない私の消しゴムとホワイトハウスがどちらも「白い」と呼ばれることになるのだろうか。「私の消しゴムも、ホワイトハウスも、同じ白という色を持っている」という、当たり前に思われた事実が、説明不可能になってしまわないだろうか。

この問題を回避するには、「白さ」そのものが存在すると考えた方が都合がよい。「白さ」そのもの、すなわち「白い」という性質がもし存在するなら、このような問題は生じないからである。つまり、「私の消しゴムとホワイトハウスはどちらも〈白い〉という性質を共有している」という文を、文字通りの事実として認めることができるようになる。

普遍者と個別者の区別に関わる問題は、これ以外にも様々にある。右に述べてきたことは、これにまつわる問題のほんの一部にすぎない。[22] しかしここではさしあたり、この問題が「何が存在するのか」という存在論の問題の中心に位置していることを指摘するにとどめて、へーゲルの存在論の紹介へと移りたい。

二　ヘーゲルの存在論

ヘーゲルと存在論

ヘーゲルも、「本当は何が存在するのか」や、「そもそも何かが存在するとはどういうことなのか」という存在論の問いを、哲学の最も重要な課題だと考えていた。「そもそも何かが存在すると言われるのはどのようなときか」を説明するという切り口から、ヘーゲルがどのようなことを考えていたかを紹介したい。ヘーゲルはこの問いに、「他のものと区別されているときである」という独特の答えを提示している。この問いを通じて、ヘーゲルとともに、「本当は何が存在するのか」、「存在するとはどういうことか」という問いについて、より深く切り込んでみたい。

22　この問題についてより詳しく知りたい読者は、鈴木生郎・秋葉剛史・谷川卓・倉田剛『ワードマップ　現代形而上学』（新曜社、二〇一四年）の第五章・第六章や、デイヴィッド・M・アームストロング『現代普遍論争入門』（秋葉剛史訳、春秋社、二〇一三年）を参照してほしい。

ヘーゲルは、「何かがそこにある」とはどういうことかを問うことで、存在についての問いを深めようとする。「そこにある」ということや、現にそこにあるものは、ドイツ語圏の哲学ではしばしば「**現存在**（ダーザイン、Dasein）」と言われる。この「現存在」をめぐるヘーゲルの議論を追うのが、ここでの私たちの目標である。

ここで、少しマニアックになるが、「現存在」という言葉について簡単に注意しておきたい。もしあなたが哲学に多少の心得があれば、「現存在」と聞くと、二十世紀ドイツの哲学者マルティン・ハイデガーが主著『存在と時間』で展開した思想のことを思い出すかもしれない。ハイデガーは、人間のことを指して「現存在」という言葉を用いた。しかし、ヘーゲルにおいては、現存在は人間に限定されない仕方で用いられる。つまり、「現存在」は、まさに文字通りに「現にある」「そこにある」もののことを指して用いられる。ヘーゲルの方が古い時代の哲学者であるから、むしろハイデガーの方が、この言葉の意味を敢えて「ずらして」用いたと理解すべきである。

もう一つ言葉について注意しておくことがある。日本のヘーゲル哲学研究の伝統においては、「現存在」にあたる「Dasein（ダーザイン）」という言葉はしばしば「定在」と訳されてきた。しかし本書では、この語に「現存在」の訳語を当てることにする。この訳語を用いた方が、ヘーゲルが「現にそこにある」ものを問題にしているのだ、ということがわかりやすくなると考えるためである。[23]

消しゴムの存在論

さて、「現存在」という言葉に関する注意はこれくらいにして、議論の中身へと進もう。ヘーゲルは「そこにある」ものを考えるにあたって、そこにあるものが輪郭を持っているということを重視する。ヘーゲルの言葉を引用してみる。

現存在とは、規定された存在である。（GW21, S. 96、邦訳第一巻九六頁）

23　より専門的な興味を持つ読者のために、詳しい注記を付しておく。「定在」の訳語は、ヘーゲル哲学において「現にある」ということと「定まってある」ということが関連付けられていることを考慮して採用されたものであり、その意味で一定の妥当性を持っている。しかしながら、「現存在」ではなく「定在」の訳語を用いてしまうと、「現にある」というこの言葉本来のニュアンスが消えて、「定在」が「定まってある」ということは、当たり前のことのように見えてしまう。すると、「現にあること」と「定まってある」ことを関連付けるヘーゲルの議論の重要さがかえって見えにくくなってしまうように思われる。私はこのことを重く見て、「現存在」という訳語を選択している。

ごく簡単にパラフレーズすれば、「そこにあるもの」とは、「在り方が定まったもの」のことだ、となるが、これでもまだ意味不明であろう。どういうことなのだろうか。

ここで言われていることにはいくつかの含みがある。中でも最もわかりやすいのは、「そこにあるもの」は輪郭によって周囲と隔てられ、それによって在り方が定まったものとして存在する、ということだ。再び消しゴムについて考えてみよう。机の上に載っている消しゴムには輪郭がある。輪郭によって、消しゴムは消しゴムでないものと区別される。消しゴムの輪郭は、消しゴムが載っている机と消しゴムを隔てる。また、消しゴムの周りの何もない（あるいは空気がある）空間と消しゴムを隔てる。こうして輪郭によって周囲のものや空間と区別されることで、消しゴムというものの在り方が定まる。そしてこれによって、消しゴムは現に、そこに存在することができている。

ここで重要なのは、**何かが存在しているときには必ず、そのものは他のものと区別されている**、ということである。現に存在するものは、輪郭を持つ。輪郭を持つということは、周囲と隔てられているということである。周囲と隔てられているということはつまり、周囲のものや空間と区別されているということだ。何かが存在するという事態を捉えるためには、そのもの以外のものに目を向ける必要がある。それ以外の、他のものと区別されることで、そのものは存在している。これはヘーゲルが何度も強調する論点である。

概念的な区別

輪郭の例は、他のものと空間的に隔てられることによって、ものの在り方が定まり、それによってものが存在することになる、という例であった。しかし、何かの在り方を定め、それによってそのものを存在させるような区別は、空間的なものばかりではない。空間的でない区別も、ものを存在させている。

例えば、消しゴムは鉛筆ではない。机でもない。修正液でもなければ、輪ゴムでもない。また、白い消しゴムは、黒い消しゴムではない。直方体の消しゴムは、丸い消しゴムではない。このように、それが何であるのか、そしてどのような特徴を持つのかということに関しても、存在するものは、他のものと区別されている。この区別がなければ、「白い直方体の消しゴム」が存在するとは言えないだろう。

ここで「白い直方体の消しゴム」の存在を可能にしている区別は、輪郭による空間的な区別ではない。そうではなくて、「消しゴム」や「鉛筆」、「修正液」、あるいは「白」や「黒」といった性質に関わる、概念的な区別である。概念的に区別されることで、「白い直方体の

図4

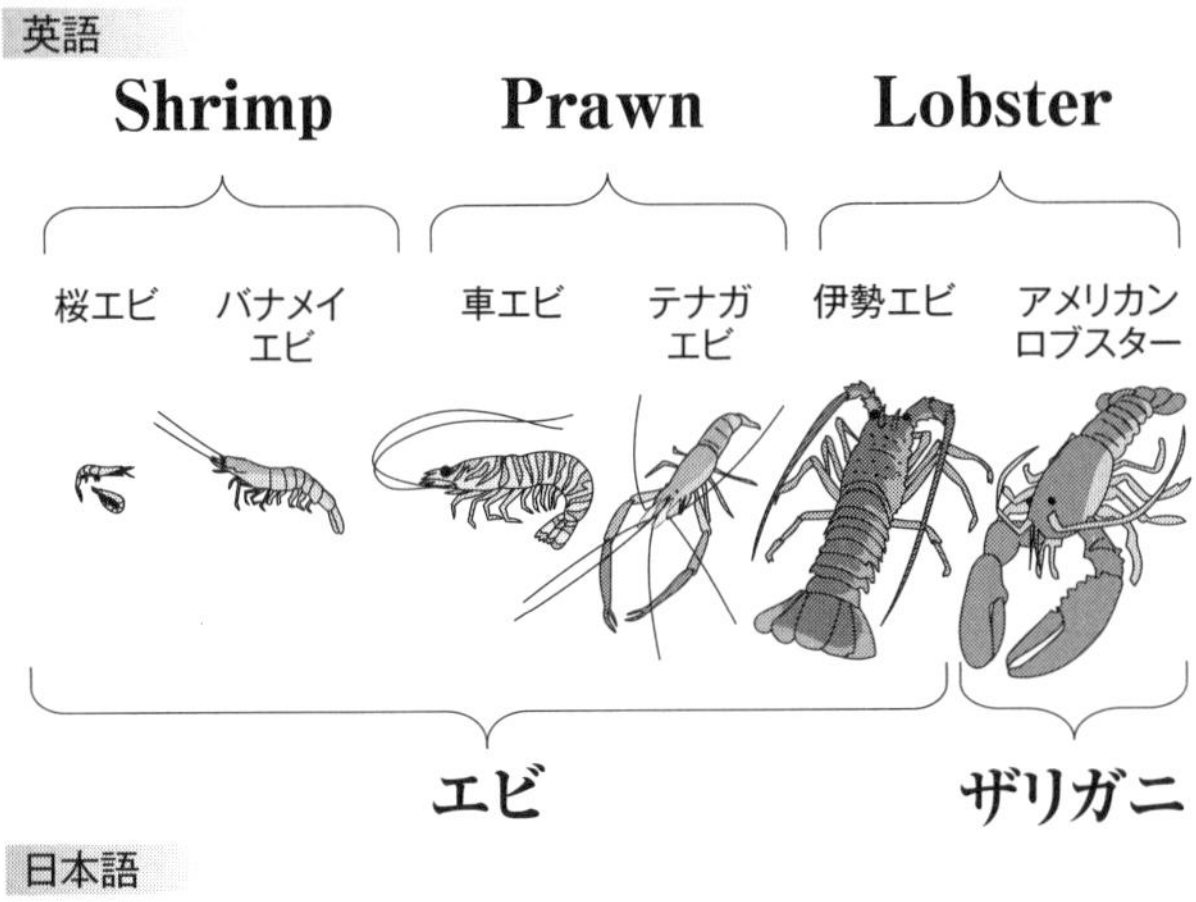

消しゴム」は存在する。これは消しゴムに限らず、他の全ての存在するものについても言えることだろう。

もう一つ特徴的な例を考えてみよう。「エビ」を英語で何と言うか、皆さんはご存じだろうか。英語には、「エビ」にあたる言葉が三つある。比較的小さなエビを表す「シュリンプ（shrimp）」、中くらいのエビを表す「プローン（prawn）」、そして大きなエビを表す「ロブスター（lobster）」である。「ガーリック・シュリンプ」という料理をご存じの方もいるだろう。「シュリンプ」という言葉は、桜エビや甘エビ、また「ガーリック・シュリンプ」にも使われるバナメイエビくらいまでの比較的小さなサイズのエビを指す。

これに対して「プローン」にあたるのは、車エビやテナガエビなどの中くらいのサイズのエビだ。そして「ロブスター」は、日本語の「ロブスター」が指す食用のザリガニの一種（アメリカン・ロブスター）を指すだけでなく、伊勢エビなどをも含む大きなエビの総称として用いられる[24]（図4）。

さて、ここで注目してほしいのは、大きさによるエビの概念的な区別が、英語にあって日本語にはない、ということである。英語話者にとっては、「シュリンプ」と「プローン」と「ロブスター」がそれぞれ存在する。しかし、日本語話者にとっては、小さな桜エビから大きな伊勢エビまで全て「エビ」である。「シュリンプ」や「プローン」は存在しない。「プローン」が存在すると言えるためには、それが「シュリンプ」と区別されなければならない。

逆に、日本語では、大きなハサミを持つザリガニと、それを持たない「エビ」は全く違うものとして捉えられる。しかし英語では、大きなハサミを持ついわゆるロブスターも、持た

24　ただし、微妙なサイズのエビを厳密にどう分けるかは人によって異なり、イギリスとアメリカでも感覚が違うようだ。調べていくと、厳密に生物学的特徴で分類する場合もあるらしい。いずれにしても本書にとっては、区別が微妙になる例があるとしても、大まかには区別があり、それゆえ「シュリンプ」や「プローン」が存在するということが重要である。

ない伊勢エビも、どちらも「ロブスター」である。したがって、日本語話者は、食卓の上のロブスターを見て「(エビではなく) ザリガニの料理がある」と考えるが、英語話者は単に「ロブスター料理がある」と考える。このとき英語話者にとって、「ザリガニ」は存在していない。[25]

例が長くなってしまったので、もう一度、要点を確認しておこう。消しゴムの例でも、エビやロブスターの例でも、重要なのは、何かが存在するということと、そのものが他のものから概念的に区別されているということとが、切り離せないということだ。前に見た輪郭による空間的な区別だけでなく、概念的な区別もまた、何かが存在するということを成立させている。

区別と存在

これまで、消しゴムやエビを例に、空間的な区別や概念的な区別がどのようにものを存在させるかを見てきた。空間的な区別は、輪郭で区切ることによって、個物を存在させている。これに対して、概念的な区別は、輪郭を持たない普遍者をも存在させていると考えることができる。この論点についても考えてみよう。

例として、「白い」という性質を取り上げる。白という色は、黒や赤といった白以外の色から区別されている。このことによって、「白い」という性質は存在することができている。これで納得できなければ、「サーモンピンク」という色はどうだろう（どのような色かわからない場合はインターネットで画像検索してみてほしい）。サーモンピンクは赤や白、黒に加え、コーラルピンク、ショッキングピンクなどと区別されることで存在する。ピンクが様々に区別されることは印刷やアパレルに関わる人々にとっては常識であろうが、それらの分野に関わりのない人々は、それらの様々なピンクを全て「ピンク」とひとくくりにしているだろう。ひとくくりにされている限りでは存在しなかったサーモンピンクが、ニュアンスの異なる他のピンク色と区別されることで存在するようになる。

色以外の性質についても考えよう。「直方体（六つの長方形からなるいわゆる「箱形」）である」という性質は、「球である」「三角錐である」といった性質から区別されることによって存在している。さらに、「立方体（全ての辺の長さが等しい箱形、つまり「サイコロ形」）である」という性質は、球や三角錐に加えて、立方体でない直方体とも区別されることで存

25　ちなみに、沢などにいる「アメリカザリガニ」のような種類は、「クローフィッシュ（crawfish）」という別の名前で呼ばれる。「ロブスター」は海水で生活する大型のエビやザリガニを指す。

在し始める。

このように、多くの個物や普遍者について、存在するということは、他と区別されているということと不可分である。個物は輪郭によって空間的に区別されることで存在し、普遍者は他の性質と概念的に区別されることで存在する。これを指摘し強調したことは、ヘーゲルの存在論の重要な特徴だ。このような仕方でヘーゲルは、「そもそも何かが存在すると言われるのはどのようなときか」という問いに答えるわけである。

三　存在論を「使いこなす」

存在論は机上の空論か？

これまで哲学の「花形」である存在論についてある程度の紙幅を割いて論じてきたが、読者の皆さんはどのような感想を持たれただろうか。西洋哲学の神髄を見るような知的興奮を覚えた方もいるかもしれない。しかし、このようなことを議論して何の意味があるのかさっぱりわからない、と否定的な感想を持たれた方もいるだろう。確かに議論されていることはわからないでもないが、存在の基礎に区別があるとわかったからといって、私たちの生活に何の関係があるのか、と。

そのような疑問が生じるのはもっともなことではある。しかし、単に疑問を抱くことからさらに進んで、存在論は私たちの生活には何の関わりもない、と結論づけるのならば、敢えて断言するが、その結論は誤っている。本章の残りの箇所では、存在論が私たちの生活に深く関わる、という私の考えを受け入れてもらえるよう、どうにかして読者の皆さんを説得したい。

存在論と分類

まずはこの章で述べてきたことを振り返ろう。何かが存在するということは、他のものと区別されているということである。個物であれば輪郭によって空間的に区別されることで、普遍者であれば他の性質と概念的に区別されることで存在する。これらのうち、特に重宝するのは後者の、概念的な区別という考え方である。

この考え方が役立つのは、「存在すること」と「分類すること」が表裏一体だと教えてくれるからである。エビとシュリンプ、プローン、ロブスターの例でも、サーモンピンクとコーラルピンクの例でも、ある人にとって当たり前に存在するものが、他の人にとっては存在しないという興味深い事実が明らかになった。日本語話者にとっては存在するのはエビであってシュリンプやプローンではないが、英語話者にとっては、シュリンプやプローンは当然のように存在している。あるいは色に詳しくない者には「ピンク」しか存在しないが、例えば服飾デザイナーにとっては「サーモンピンク」や「コーラルピンク」が存在しない世界など考えることもできないだろう。「何が存在するか?」という問いの裏には、「私たちは何と何を区別しているのか?」という問いが存在するのだ。つまり、存在論の問いは、分類に関する問いと表裏一体なのである。[26]

存在論についての知見が実践的に役立つ、と言われてもにわかには信じられなかったとしても、分類についての知見ならどうだろうか。私たちの日常生活においても、ビジネスにおいても、何かを分類することが重要な意義を持つ場面は少なくない。以下では、このことをマーケティングというビジネスの次元に引きつけながら敷衍《ふえん》してみる。

存在論とマーケティング

存在することと区別されていることが表裏一体である、という知見は、マーケティングにおいても役立つだろう。例えばこの書籍のメインターゲットとなる想定読者は、自分の生き方、仕事の仕方を見つめ直してみたいと思っているビジネスパーソンである。ここで他と区別され、存在させられているものとは何だろうか。

答えは、「ビジネスパーソン」である。「ビジネスパーソンであること」は、「背が高い」「髪が長い」のような性質と同様に、人に帰属され得る性質だ。消しゴムが「白い」や「四角い」といった性質を持っていたように、人は「背が高い」や「ビジネスパーソンである」といった性質を持つ。この意味で、人が持っていたり持っていなかったりするような、「ビジネスパーソン性」と言うべき性質が存在する。

そして、「ビジネスパーソン性」の存在の背景には、ビジネスパーソン性と他の性質との間の概念的区別がある。「ビジネスパーソン性」は、例えば「研究者」から区別されている（研究者も研究というビジネスに従事するパーソンではあるのだが、少なくとも「ビジネスパーソン」概念の中心に研究者はいないだろう）。研究者以外にも、「学生」「リタイア世代の人」「小さな子ども」「専業主夫／婦」などとも、「ビジネスパーソン」は区別されている。この区別は、「概念的区別」にあたる。「ビジネスパーソンをこの本の想定読者にする」とい

26　存在論と分類の関係は、現代形而上学や知識工学においても指摘されている。これについて詳しくは、倉田剛『現代存在論講義Ⅰ　ファンダメンタルズ』（新曜社、二〇一七年）一六–二三頁を参照。

うことは、この本を研究者にしかわからないような研究書にはしない、ということであり、さらには、哲学を学ぶ学生だけを対象とした教科書や、普段から哲学書に親しんでいる一般読者だけが読むような本にもしないようにするということだ。もちろん本書は研究者や学生、哲学愛好家の皆さんにも楽しんでいただける本だと自負しているが、具体例の選択などにおいては「ビジネスパーソン」の日常になるべく引きつけるようにしている（だからここでも「マーケティング」を例にしている）。

　話が少し脱線したが、かくして「ビジネスパーソン」は、他と概念的に区別されることで存在し始める。そして、いちど存在し始めれば、他との区別など忘れ去られ、この世界に「ビジネスパーソン」という種類の人々が存在するということは所与の事実のように扱われるようになる。

「アラサー」の存在論

　もう一つ、マーケティングとも関わりの深い事例として、「アラサー」について考えてみたい。「アラウンド・サーティ」を略して作られた「アラサー」という言葉は二〇〇六年ごろから使われるようになり、それから十年以上を経た二〇二〇年代においても日常的に使われている。もともとは「三十歳前後の女性」を指して使われるようになった言葉だが、時を経て男女問わず三十歳前後の人を指して使われるようになっている。存在ということに引きつけて言えば、二〇〇六年ごろから、「アラサー」という性質が存在し始め、少しずつ形を変えながら、現在でも存在し続けている。将来的に「アラサー」は死語となるかもしれないが、そのときはそれに伴って「アラサー」という性質も存在しなくなるということになる(あるいは未来の読者にとっては「アラサー」はすでに死語と感じられており、したがって「アラサー」という性質ももはや存在しなくなっているかもしれない)。

「アラサー」が存在するようになったということは、「アラサー」が他の何かから区別されたということである。では、「アラサー」は何と区別されているのだろうか。もちろんそれは、三十歳前後以外の人である。何歳から何歳が「アラサー」であるのかという議論をここで展開するつもりはないが、少なくとも四十代前半や十代後半の人は「アラサー」ではない。

「アラサー」の面白いところは、それまでと人の分類の仕方を変更することで成立している点だ。例えばこれまでも、「二十代」や「三十代」という分け方によって人が分類されてきた。しかし、二十二歳の人と二十七歳の人では、同じ二十代でも価値観が大きく異なることがある。同じ五歳差でも、二十七歳と三十二歳の二人の方が、価値観が近い場合も多いだろう。二十代や三十代という、年齢の十の位に注目した機械的な区分に基づいた性質によっては、このことをうまく捉えられない。しかし、「アラサー」という言葉があることで、二十七歳の人と三十二歳の人が持っていて、二十二歳の人が持っていないような性質を取り出すことができるようになる。

また、著述家としても活躍する辞書編纂者《へんさんしゃ》、飯間浩明《いいまひろあき》は、「アラサー」という言葉と「年増」や「オールド・ミス」、「ハイ・ミス」といった、差別的なニュアンスを伴って特定の年齢層の女性を指すために使われた言葉とのつながりを指摘している。これらと「アラサー」の関係は確かに興味深い[27]。このほかに、これに似た言葉として、「ミッシー」や「ヤング・ミセス」という言葉もかつてはしばしば使われていた。「アラサー」という言葉は、これらの言葉に色濃く反映されていた既婚か未婚かによる区別を重視する風潮を打ち砕いて、年齢による大掴みな区別を可能にした。さらにこの言葉は、初めは女性を指して使われていたにしても、現在の使われ方に照らして考えれば、男性か女性かによって人々を区別することをやめさせる潜在的な力をも持っていたと言えるだろう。

「アラサー」は、これらの様々な区別が取り払われ、代わりに年齢が三十歳前後か否かという区別にスポットが当てられるようになったことで存在している。そしてこれによって、価値観を共有する一群の人々の集団が持つ性質、すなわち「アラサー性」が存在させられることになった。

これは再び、区別の仕方、概念的な線引きの仕方を変えると、何が存在するかも変わる、ということの例になっている。「オールド・ミス」のような、時代に合わなくなった区別を前提する性質はもはや存在しない。二〇二一年現在、誰かが「オールド・ミス」と形容されることがないのは、もはや「オールド・ミス性」が存在しないからである。代わりに現代では、別の区別に基づいた「アラサー」という性質が存在しており、「彼／彼女はアラサーである」という言い方がなされるようになっているのである。

最後にマーケティングということにもう一度引きつけておけば、「アラサー性」が存在するようになったことで、「アラサー性を持つ人々」をターゲットにした商品を開発することが可能になる。それはアラサー的なライフスタイルに合ったインテリアグッズかもしれないし、婚活支援のようなサービスかもしれない。このような的を絞った商品開発が可能になるのも、「アラサー」が概念的な区別を背景に存在している性質だからである。ある性質が存

27　飯間浩明「アラサー・アラフォー（連載：分け入っても分け入っても日本語）」、web雑誌『考える人』二〇一七年六月十五日、https://kangaeruhito.jp/article/3585

在すると見なすことは、世界をうまく切り分けて、視界を良好にしてくれるのである。

存在と区別の関係からの教訓

「ビジネスパーソン」と「アラサー」という二つの性質に関して、ある性質が存在することと、その性質を成り立たせる概念的区別の間に切っても切れない関係があることを確かめてきた。このことは、単に哲学的な興味深さを持つだけでなく、ビジネスにも役に立つはずだ。存在論について学んだことがビジネスにおいて役立つのは、それが柔軟な発想を可能にしてくれるからである。二つの例について見たように、私たちが当たり前に存在すると考えている性質は、概念的区別によって初めて存在するようになったものである。例えば新商品や新企画を考案するとき、このことを知っておくことは重要だ。なぜなら、斬新なもの、これまでにない新奇なものを作り出すということは、全くの無から有を作り出すことではなく、**世界の切り分け方、概念的区別の仕方を変える**ことだ、ということがわかるようになるからだ。

存在の裏には区別がある。新たなものを作り出すということは、区別の仕方を変えることである。本書でヘーゲル的な発想を学んだあなたは、このことをすでに知っている。そしてこれも、本書のテーマである「考え抜く」ことの一つのあり方であろう。これを頭の片隅に置いておくことで可能になる柔軟な発想は、あなたの人生において武器になってくれるはずである。

第四章 「本質」を考え抜く

一 「本質」の問い

人とその本質

本章のテーマは「**本質**」だ。そう言われても、哲学に詳しい読者以外は、どのような議論が展開されるのか予想することすらできないだろう。まずはイメージをつかめるような具体例から始めよう。

あなたはある日、友人のT氏の短文投稿SNS、ツイッターのアカウントを偶然見つけてしまう。普段は温厚なT氏だが、そのアカウントでは毎日のように、辛辣な口調で偏った政治的見解が展開されていた。また別の日、あなたは、写真投稿SNSのインスタグラムに投稿した写真がしばしば話題となるIさんと仕事で会う機会があった。実際に見るIさんは、SNSのキラキラした写真とは異なり覇気がなく、自信もなさそうな人であった。このような場面に直面したとき、あなたは、「どちらが本当のTさんなのだろう」、「Iさんは本当はどんな人なのだろう」と考えずにはいられないだろう。[28]

ここで登場した問いを、「Tさんの本質は何だろう」「Iさんは本質的にはどんな人なのだろう」と、「本質」という言葉を使って言い換えることができる。少しぎこちない印象はあるが、意味が通らない日本語ではないだろう。ここから、「本質」という言葉が、その人の「本当の姿」のことを指して用いられることがわかる。[29]

私たちはしばしば、目に映るものとは違う「本当の姿」をつきとめたいと考える。私たちはいろいろな物事を見聞きし、情報を得て判断するが、しばしば誤ってしまう。本当の姿を知らずに信頼できる人だと判断してしまい、裏切られたりする。これを避けるためにも、「本当の姿」を知りたいと私たちは考えるものだ。

いろいろなものの本質

人以外のものについても、その本質を問うことができる。例えば、外国人観光客から、

28　念のために記すが、このTさんとIさんにモデルは存在しない。「Tさん」のTはTwitterのTであり、「Iさん」のIはInstagramのIである。

29　哲学に詳しい読者は、ここでの「本質」がアリストテレス的な意味での「本質」、つまり、あるものをあるものたらしめている不可欠な性質という意味での「本質」と異なっていることに違和感を覚えるかもしれない。実はこれについては、なぜ「本質」がそのようなものではないかをヘーゲル自身が議論している。本書ではこれ以上詳述しないが、高山守『ヘーゲル哲学と無の論理』（東京大学出版会、二〇〇一年）の三〇三–三〇七頁で詳しく論じられている。

「日本はどんな国ですか」と聞かれたとしよう。あなたはこの問いに何と答えるだろうか。京都のような観光名所について話そうと思うかもしれないし、夏は暑く湿度が高いといった気候について答えるかもしれない。あるいは経済大国であるがここ数十年は停滞気味で少子高齢化も進んでいるといった経済的・社会的なことを答えるかもしれない。

それではこれらのうちどれが、日本の本当の姿を示す、「本質を突いた」答えだろうか。ここでも問題になるのは、日本という国の「本質」である。このことから、私たちが日常生活においても、無自覚に「本質」について考えながら生きているということがわかる。

あるいは、出来事についても、その本質を問うことが可能である。例えば、二〇〇三年にジョージ・W・ブッシュ政権下のアメリカが、サダム・フセイン政権下のイラクを攻撃したことに端を発する「イラク戦争」という出来事の本質は何だろうか。ブッシュ大統領が当初主張していたとおり、「テロとの戦い」だったのだろうか。それとも、イラクに干渉して利権を得ることに主眼があったのだろうか。あるいは共通の敵を作ってアメリカ国民の歓心を得るために無駄に血が流されたのだろうか。ここでも、「イラク戦争」という出来事の「本質」が問われている。このように、本質に関わる問いは、何も哲学者の専売特許ではなく、日常生活においても意外に身近なものだ。

本質に関わる問いにはもう一つ、共通する特徴がある。それは、答えるのが非常に難しいということだ。人の本質を見抜くのは至難の業である。外国人に、日本はどんな国か、本質を突いた説明をすることも難しい。イラク戦争の本質が何だったのかという問いも、現時点で結論を出すことはできない難問だ。未来の歴史家の手によって繰り返し論じられて、少しずつ明らかになることだろう。

本質と「現れ」

本質についての問いのイメージがつかめたところで、議論を先に進めよう。本質についての問いの裏には、「私たちの目に見えるものは不確かな現れにすぎず、本質はその裏にある」という考え方がある。例えば人の本質を問題にするときには、その人が職場で見せる姿と家族に見せる姿、あるいはSNSでの姿などが、私たちに見えるその人の「**現れ**」である。私たちはそれらの様々な「現れ」の裏にその人の本来の姿としての「本質」があるのではないかと考える。

日本やイラク戦争の例についても同様だ。日本という国は、様々な表情を持っている。富士山という美しい山を持つ国でもあるし、地震大国でもある。経済的に繁栄した国でもあるし、少子高齢化によって将来が危ぶまれる国でもある。そして私たちは、このような様々な「現れ」の裏にこの国の本質があると考え、それを探そうとする。あるいはイラク戦争がもつ様々な要素を総合して、その裏にある、あの戦争の「本質」を探ろうとする。サン・テグジュペリの小説『星の王子さま』における最も有名な台詞のとおり、「本当に大切なものは目に見えない」と私たちは考える。

しかし、議論を混ぜ返すようではあるが、「本質」などというものは、本当は存在しないという可能性もある。あなた自身のことを考えてみてほしい。職場でのあなたと、家族の前でのあなた、そして一人でいるときのあなたは、それぞれ少しずつ違ったキャラクターを持っているかもしれない。そのうちのどれが「本当のあなた」、「あなたの本質」だろうか。もし一人のときのあなたが「本当のあなた」だとすると、職場でのあなたや家族の前でのあなたは「偽りのあなた」なのだろうか。

私はこのように問われると、そんなことはない、と言いたくなる。職場での私も、家族の前での私も、一人のときの私も、少しずつ違ってはいるが、全て本当の私である。それを離れて、「本当の私」や「私の本質」を語ることはできない、そう思えてくる。つまり、「本質」というものが本当にあるのかどうか、疑わしく思えてくるのだ。

ところで「本質なんて本当にあるのか」という問いは、ヘーゲルがこだわって考え続けた問いでもある。節を改めて、ヘーゲルの思考をたどってみよう。

二　ヘーゲルの「本質」論

「現れ」としての存在

先ほど、「本質」は「現れ」と対になっているということを指摘しておいた。私たちが見聞きし感じることができるものは、不確かな「現れ」にすぎない。あなたの親しい友人も、家族や恋人には全く知らない表情を見せているかもしれない。しかし、そのような目に見えるが不確かな「現れ」の裏に、目には見えないが確固とした「本質」があるはずだ。こうして「本質」と「現れ」は対をなしている。

ヘーゲルも、本質について論じるにあたり、このことを重視した。その証拠に、彼は本質について論じる前に、「現れ」について入念に論じている。[30] 彼の議論は、その入念な「現れ」

30　ここで「現れ」と訳した語はドイツ語の Schein であり、通常は「仮象」「映現」「映像」等と訳される。本書では日本語としてのわかりやすさを重視して、「現れ」と訳した。

論を通して、「本質とは何か」を理解できるように構成されているのだ。そこで私たちも、ヘーゲルの「本質」論の前に、ヘーゲルの「現れ」論を見ておこう。

なお、これまで本書では、ヘーゲルからの引用を最低限に抑えてきた。彼の言葉があまりにも難解で、読者が恐れをなして早々に本を閉じてしまうのではないかと危惧したからである。しかし、本書も半ばにさしかかってきたので、本章では少しだけ引用を増やしてみたい。これによって、読者に「考え抜く力」を鍛えてほしいと考えるからだ。

それでは、ヘーゲルの言葉を引いてみよう。ヘーゲルは次のように書いている。

> **存在は現れである。現れが存在するということは、存在がアウフヘーベンされているということ、つまり、存在が無であるということにほかならない。**（GW11, S. 246, 邦訳第二巻一二頁）

あまりにも意味のわからない文章に驚かれただろうか。「難解な文章」というより、もはや暗号に近い。実はこの暗号のような文章はヘーゲルの代名詞とも言えるもので、ヘーゲルの本を実際に開くと、このような文章が何百ページも続いている。この文章の難解さこそ、哲学者の中にすらヘーゲルを敬遠する者が多くいる理由であり、同時に、多くの人々をヘーゲルから離れられなくした魅力でもあるかもしれない。ミステリアスなものに惹かれてしまうのは、人間の性《さが》である。

さて、少し脱線したが、ここからはたっぷりページ数を割いて暗号を「解読」していくので、さっぱりわからなかった読者も安心してほしい。そして、ここからの「解読篇」を先ほどの引用と照らし合わせて、暗号解読の楽しみを味わってみてほしい。

ヘーゲルが最初に指摘しているのは、「存在」と「現れ」の関係である。「存在」については、前の章で詳しく論じてきた。そこで得られた結論は、何かが存在しているということは、そのものが何かと区別されているということだ、というものだった。ヘーゲルはここで、この議論を前提しつつ、そこで論じられていた「存在」は実は「現れ」のことだったのだと言う。

存在が現れだと言えるのはなぜか。それを説明しているのが二文目だ。そこでは、「存在がアウフヘーベンされている」と言われている。ここには、ヘーゲル哲学の重要概念としてよく知られている「**アウフヘーベン**」という概念が登場する。そこで、まずはこの言葉について解説したあとで、もう一度「存在は現れである」とはどういうことかの説明に戻ることにしたい。

「アウフヘーベン」とは何か

「アウフヘーベン」という言葉を聞いたことがあるだろうか。哲学史の本を読み慣れている読者なら、一度は目にしたことがあるだろう。あるいは、小池《こいけ》百合子《ゆりこ》東京都知事の発言で聞いたことがある、という読者もいるかもしれない。もちろん、そのような珍妙な言葉は全く聞いたことがない、という読者もいるだろう。ここでは小池氏の発言を取り上げ、そこに典型的に見出されるこのヘーゲルの言葉への誤解を正す形で、「アウフヘーベン」の意味を明確にしたい。

小池氏の発言は、築地市場移転問題に関する記者会見でのものだった。当時東京都は、築地にあった場内市場の機能を豊洲に移転させるか否かという問題で揺れていた。その中で小池知事は、総合的な観点から妥協案を探る、といった意味で「アウフヘーベン」という言葉を使用した。

当時のテレビのワイドショーなどでも、この「アウフヘーベン」という言葉が話題になった。「アウフヘーベンとはドイツの哲学者ヘーゲルの言葉で、対立する二つのものをまとめて一つにすることを指す」といった説明を覚えている方もいるのではないだろうか。テレビでは、大福とイチゴをアウフヘーベンするとイチゴ大福になる、というビジュアル的にわかりやすい例でこのことが説明されていた。小池氏はこの意味を拡張して、「総合的に判断して妥協点を見つける」という意味で「アウフヘーベン」と言ったのだろう。

小池氏の用法も、ワイドショーでの解説も、ヘーゲル哲学について哲学史の教科書などでよくなされる通俗的な説明をなぞっている。ヘーゲル哲学とは弁証法の哲学であり、弁証法とは「正」とその否定である「反」を「アウフヘーベン」して「合」へと至るという考え方だ、というのがその説明だ。「正」が市場移転賛成派、「反」が反対派であり、総合的な判断が「合」だということになる。イチゴ大福の例では、「正」が大福、「反」がイチゴ、「合」がイチゴ大福だ。小池氏も、ワイドショーも、この教科書的な説明を踏襲しており、その意味では、とんでもない間違いを犯しているというわけではない。[31]

しかしながら、この教科書的な説明はそれ自体間違っている。少なくとも二つのものを折衷するという意味での用法は、「弁証法」や「アウフヘーベン」の語のヘーゲルによる典型

31　例えば、哲学系の書籍として異例のベストセラーになったヨースタイン・ゴルデル『ソフィーの世界』（須田朗監修、池田香代子訳、ＮＨＫ出版、一九九五年）でもヘーゲル哲学はこのように紹介されている。

的な用法ではない。また、「弁証法」と「アウフヘーベン」は常にセットで用いられるわけでもない。

ここではさしあたり「弁証法」は脇に措いて、引用に登場した「アウフヘーベン」に的を絞ろう。「アウフヘーベン」というドイツ語の言葉は、「捨てる」と「保存する」という二つの意味を持っている。通常は文脈に応じてどちらかの意味で使われる言葉だが、ヘーゲルはこの言葉の多義性を利用して、一度にこの両方の意味を表そうとする。つまり、ヘーゲルの「アウフヘーベン」は、「捨て」かつ「保存する」ということを意味する。

では、「捨て」かつ「保存する」とはどういうことだろうか。それは、思い切って簡略化させて言えば、悪いところは捨てて、いいところは残す、ということだ。「アウフヘーベン」とは、いわば概念のブラッシュアップ、洗練である。何かを洗練させて、その過程でいらないものを捨てること、これがアウフヘーベンだ（**図5**）。

教科書的な誤解との違いは、「アウフヘーベン」が必ずしも二つのものを一つにすることを意味しないということだ。大福をイチゴと組み合わせてイチゴ大福にすることより、ある大福を改良して（例えば砂糖の量を調整して）よりおいしい大福を作ることの方が、「アウフヘーベン」のイメージに近いだろう。

図5

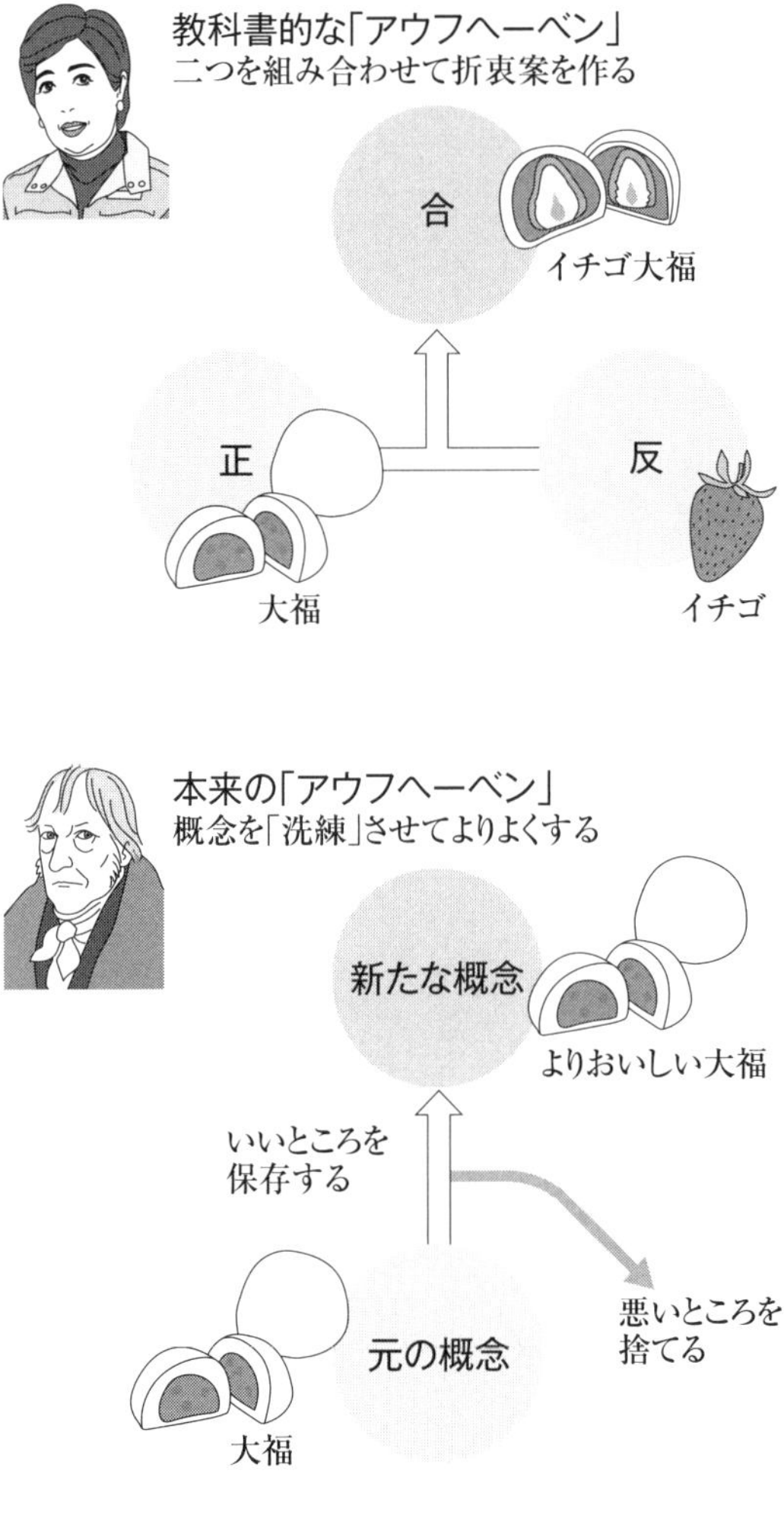
教科書的な「アウフヘーベン」
二つを組み合わせて折衷案を作る
合
イチゴ大福
正
大福
反
イチゴ
本来の「アウフヘーベン」
概念を「洗練」させてよりよくする
新たな概念
よりおいしい大福
いいところを
保存する
元の概念
大福
悪いところを
捨てる

存在のアウフヘーベン

「アウフヘーベン」の意味がわかったところで、１４４ページの引用に戻ってみよう。ヘーゲルは、「存在は現れである」と言い、それは「存在がアウフヘーベンされている」ということだと述べていた。それはまた、「存在が無であるということ」だとも言われた。これはどういうことだろうか。

それは、「存在」についてよくよく考えてみると、実はそれは存在しないかのようにも思えてくる、ということだ。これ自体謎めいた言い方であるが、例を用いて考えていこう。

私たちはインスタグラムを見て、快活なIさんが存在していると考える。しかし、よくよく考えてみると、私たちが見ているのはインスタでのIさんの姿だけであり、Iさんは本当はそのような人ではないかもしれない。このように考えるとき、「快活なIさん」の存在がアウフヘーベンされる。これはつまり、このような考慮を経て、「快活なIさんが存在する」ではなく、「快活なIさんがSNS上で現れている」という、より洗練された考えに至るということだ。このとき、「存在が無であるということ」つまり、最初に考えていたような確固としたものが存在するのではないということ、それが単に不確かな現れでしかないということがわかる。これが、「存在は現れである」、「存在がアウフヘーベンされている」あるいは、「存在が無である」ということの意味である。

この議論は、ヘーゲルの存在論と「現れ」や「本質」に関する議論のつながりを示しているとも言える。これまで確固として存在すると思われていたものについてよくよく考えると、それは現れでしかないとわかる。ヘーゲルはこうして自身がすでに展開した議論との関係を明らかにしながら、「現れ」と「本質」という次元に読者を引き込もうとしている。

「本質」なくして「現れ」なし

「現れ」が、存在についてよくよく考えたときにその正体として登場するものだということがわかった。それでは、これと「本質」はどのように関係するのだろうか。これについてヘーゲルは次のように書いている。

存在がこうして無であるのは、本質においてである。そして、存在が無であるということから離れては、したがって本質を離れては、現れは存在しない。（GW11, S. 246, 邦訳第二巻一二頁）

またしても謎めいた表現だが、一つ一つ意味を考えて解読していこう。「存在がこうして無である」というのは、存在とは実は「現れ」にすぎないのだ、ということだ。そしてこのようなことが起こるのは、ヘーゲルによれば、「本質において」である。つまり、「本質を離れては、現れは存在しない」のだ。

これだけではあまりに抽象的なので、再び、インスタグラマーのIさんの例で考えてみよう。私たちは、Iさんの別の一面を目にしたとき、そのような私たちに見えているIさんとは別に、本当のIさん、Iさんの本質があると考えることがあるのだった。つまり、私たちは、インスタでの「快活なIさん」は「無」であり、「現れ」にすぎない、と考える。そして、私たちが知る快活なIさんの裏に「本当のIさん」がいて、そちらこそがIさんの本質だと考える。

この例をもう少し掘り下げてみよう。実際に会ったIさんが、どちらかといえば内気な性格に見えたとする。このとき、「内気なIさん」が本当のIさんだと決めつけるのもまた早計だろう。初対面の人に対しては内気に見えるIさんも、家族や友人の前ではSNSでの姿に近い快活な人なのかもしれない。一人の人が様々な面を併せ持つことは、決して珍しいことではないだろう。「快活なIさん」がIさんの多様な側面の中の一つにすぎないのと同じく、「内気なIさん」も一面にすぎない。ヘーゲルの言葉に引きつけて言えば、「快活なIさん」も「内気なIさん」も、どちらも「本当のIさん」すなわちIさんの本質ではなく、Iさんの現れにすぎない。ＳＮＳでの快活なIさんや、初対面時の内気なIさんだけを見て、本当のIさんについてわかった気になるのは馬鹿げている。

ここから、本章の冒頭で少し触れていたとおり、「本当のIさん」など存在しないのだ、という極端な結論を引き出したくなるかもしれない。しかし、ヘーゲルによればそれもできない。なぜなら、「本質を離れては、現れは存在しない」からだ。「本当のIさん」、Iさんの本質は、単なる快活な人物でも、単なる内気な人物でもなく、「あるときは快活で、あるときは内気な、複雑な性格を持った人物」である。そのようなIさんが存在して初めて、インスタ上の快活なIさんも、初対面の人に対して現れる内気なIさんも存在すると言える。

これは、人というのは複雑なものであり、場面によって様々な性格に見えることがある、というごく常識的な感覚にも合っている。人の本質は、一言で語り尽くせるものではない。それでも、長く付き合っているうちに見えてくるその人の本質というものは確固としてある。

これで、ヘーゲルの言う「現れ」と「本質」の関係についてある程度理解できただろう。現れは私たちにとって目につきやすいが、それだけでは本質を捉えることはできない。そのように簡単に捉えられないものこそが本質である。しかし、簡単に捉えられないからといって、本質が存在しないということにはならない。むしろ、本質があるからこそ、現れも存在すると言える。

「現れ」なくして「本質」なし

これまで、現れの側から始めて、本質とはどのようなものかを考えてきた。しかし、話はこれで終わりではない。これまでの話は、ヘーゲルの「本質」論の半分にすぎない。これまでに解説してきた箇所では、「現れは本質を離れては存在しない」と言われていたのだった。しかしこれに加えてヘーゲルは、「本質も現れを離れては存在しない」と主張する。

どういうことか、ここでもIさんの例を続けながら考えてみよう。Iさんの本質、本当のIさんは、インスタでの快活なIさんとは異なる。それでも、インスタでの快活なIさんには、Iさんの本質が幾ばくか現れているはずだ。この意味で、快活なIさんは、それだけでは語り尽くせない本当のIさん、Iさんの本質の「現れ」である。そして、これを離れては、Iさんの本質は存在しない。

ヘーゲルはここで私たちに、「現れ」を介することなく一足飛びに「本質」をつかむことなどできないと教えている。ＳＮＳでのＩさんも、初対面時のＩさんも、本当のＩさんではない。それらはＩさんのその都度の場面での「現れ」にすぎない。それでも、Ｉさんの本質を理解しようと思ったら、Ｉさんの「現れ」を通して少しずつＩさんを知っていくほかないし、知っていくことができるはずだ。なぜならＩさんの現れは、まさにＩさんの本質が現れたものだからだ。Ｉさんの本質は、そのように現れるものとしてのみある。

本質と反照

これまでのことをまとめよう。私たちは現れの向こうに本質を見出そうとする。簡単には捉えられない本質がなければ、現れもない。本当のＩさんがいて、その現れとしてインスタでのＩさんがいる。しかし同時に、本質を捉えようと思ったら、現れについてよく知らなければならない。インスタでのＩさんや、実際に会ったときのＩさんをよく観察することを通じてこそ、本当のＩさんがどのような人かを知ることができる。そのような現れを離れては、本質は存在しない。したがって、本質がなければ現れもないし、現れがなければ本質もない。

ヘーゲルは本質と現れの間に成り立つこの関係を「反照《はんしょう》」と呼んだ。[32] 本質と現れは互いを照らし出している。現れは、その奥底に本質があることを指し示す。一方本質は、「現れ」

として私たちに出現してくる。**把握しやすいが移ろいゆく「現れ」と、捉えにくいが確固とした「本質」は互いを支え合って存在している。**

このヘーゲルの結論が単なる抽象的な哲学談義にとどまらない意義を持つことは、これまで展開してきた「人の本質」の例から明らかだろう。私たちは自分たちの目に映る他の人が、その人の一側面にすぎないということをついつい忘れてしまう。しかし、快活なIさんに内気な側面があったように、尊大に見える人にも繊細な一面があるかもしれない。あるいは優しそうに見える人にも、抜け目なく狡猾《こうかつ》な一面があるかもしれない。現れは本質ではないからだ。しかし、そのような現れは、本質を全く反映していないわけではない。むしろ私たちは、様々な現れを注意深く観察することで、その人の本質に迫らなければならない。そうすることを通じて、私たちはその人が信頼に値するかを判断したり、どのように接するべきかを考えたりする。これを通じて良き仲間を得たり、ときにはその人と特別な関係になったりする。これを欠いては人間関係は成立しない。

同様のことは、人以外のものの本質についても言える。本章冒頭で日本の本質とイラク戦争の本質を問題にしたので、再びこれらのものの本質について考えてみよう。日本の本質とは何かを考えるには、日本という国の様々な側面、「現れ」について考えなければならない。

少子高齢化も一つの「現れ」であるし、美しい風景も一つの「現れ」である。それらを一つ一つ丁寧に吟味することを通じてしか、日本の本質に迫ることはできない。その作業を通じてこそ、「日本とはどのような国か」という外国人旅行者の問いに、「本質を突いた」答えができるようになる。

「イラク戦争」という出来事の本質についても同じだ。イラク戦争には「テロとの戦い」という側面もあり、同時に「国民の歓心を得るための戦争」という側面もあった。将来の歴史家の手によってこれらの側面のそれぞれが徹底的に調べ上げられることで、イラク戦争の本質は明らかになるはずだ。

三　本質の問いと普遍者・個別者

塩の存在論

ここからは、本質に関するヘーゲルの議論と哲学における存在論の関係をさらに深掘りし

32　「反照」と訳したReflexionは、「反省」とも訳される。人が我が身を振り返るという日本語の「反省」の意味にも使われるが、同時に光の反射なども表す言葉である。

てみる。ヘーゲルが『精神現象学』で塩の存在について論じた箇所が、これを考える上で興味深い手がかりを与えてくれる。

目の前に塩のかたまりがあると想像してみよう。この塩は白く、塩辛い。そして四角く固まっている。これらが塩の目に見える特徴だ。それではこれらのうち、塩を塩として存在させているものは何だろうか。白さや四角さだろうか。違うだろう。白くても塩ではないものや、四角くても塩でないものはいくらでもある。それでは塩辛さだろうか。これは白さや四角さよりも塩そのものに迫る特徴にも思える。しかし、塩辛くても塩でないものはある。例えば醤油は塩辛いが、塩ではない。もちろん醤油の塩辛さの原因は溶け出した塩化ナトリウムではあるのだが、しかし、醤油は四角く固まった白い塩のかたまりとは異なる。

それでは塩とは一体何なのか。ヘーゲルの答えは、ひとまずは常識的なものだ。すなわち、塩とは、「白くもあり、四角くもあり、塩辛くもあるもの」である。しかしここからヘーゲルは少しトリッキーな議論を展開する。ヘーゲルによれば、塩を成り立たせているのは、白く〈も〉あり、四角く〈も〉あり、塩辛く〈も〉あるということなのだから、ここで出てくる〈も〉こそが塩を成り立たせている。したがって、塩は「白さ」でも「四角さ」でも「塩辛さ」でもなく、〈も〉である。こうして、塩とは〈も〉である、という奇怪な結論が引き

図6

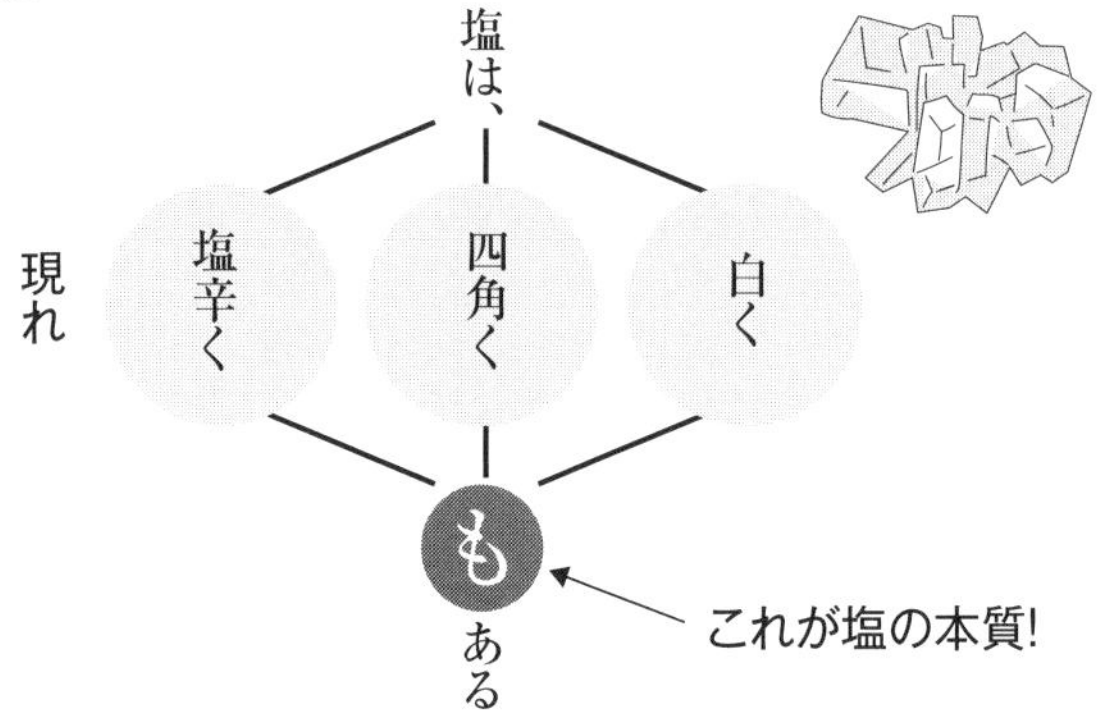

出される（図6）。

実はここで指摘されているのは、第三章でも見た普遍者と個別者をめぐる問題である。第三章では、白い消しゴムを例に、「白さ」という「普遍」ないし「性質」と、消しゴムという個物を分けて捉える考え方があることを紹介した。ヘーゲルが塩について論じていることは、このような捉え方と関わっている。つまり、「白い」「四角い」「塩辛い」という塩のかたまりが持つ特徴はそれぞれ「普遍」である。これらは現代の存在論で言う「性質」にあたる。これに対して、ヘーゲルの言う〈も〉としての塩、こちらは個物にほかならない。様々な普遍的な性質は、個物において共存する。個物としての塩のかたまりが存在しているということは、塩が「白い」「四角い」「塩辛い」といった、様々な普遍的なものを共存させているということを含んでいる。このことをヘーゲルは「塩は〈も〉である」という仕方で、トリッキーに表現しているのだ。

ヘーゲルが、「塩は〈も〉である」という表現で論じようとしたのが、古代から現代に至るまで哲学の重要問題であった「普遍」をめぐる問題であったことがわかった。しかしこれまでのところは、ヘーゲルがどんな問いを問おうとしていたかがわかったにすぎない。ヘーゲルはこの問題にどのように答えているのだろうか。

普遍の問題から個物の問題へ

ヘーゲルの解答を見る前に、「普遍」と「個物」の問題について、もう少し掘り下げてみたい。

一つ前の第三章では、「普遍的な性質は存在するか?」という問題として、普遍の問題を整理した。まずはこれをもう一度確認しておこう。一方には、「白さ」そのものが存在し、私の白い消しゴムはそれを持つことによって白い、と考える立場があるのだった。この立場の強みは、私の白い消しゴムと、アメリカ・ワシントンDCにあるホワイトハウスがどちらも「白い」と言われる理由をすんなり説明できる点にある。そして弱みは、「白さ」そのものという得体の知れないものが実際に存在すると言わなければならない点にある。

他方には、「白さ」そのものは存在しない、とする立場があった。この立場では、存在するのは白い消しゴムや白いホワイトハウス等々だけであり、「白さ」そのものは存在しないとされる。この立場の強みはもちろん、「白さ」そのもののような得体の知れないものが存在すると考えなくてもよい点にある。逆に弱みは、白い消しゴムとホワイトハウスがどちらも白いと言われるのはなぜかをうまく説明できない点にある。

ここまでが、第三章で紹介した議論だ。ここでさらに問題を掘り下げよう。哲学では、この「普遍」の問題と絡み合いながら、それらの「普遍」の担い手としての個物についても込み入った議論が展開されてきた。個物とは例えば、私の白い消しゴムのことだ。この白い消しゴムは、「白さ」「四角さ」「消しゴム独特の柔らかさ」などの特徴を持っている。ここでこの消しゴムから、これらの性質を一つ一つ取り去っていくことを想像してみよう。まず、「白さ」を取り除く。すると、透明な消しゴムができあがる。ここまでは簡単に想像できる。ここからが難しいのだが、一緒に考えてみてほしい。消しゴムから「四角さ」や「独特の柔らかさ」を取り除いてみる。もはや消しゴムは硬さや柔らかさも、形さえも持たない。それでは、何が残るのだろうか。

この問いに対する過去の哲学者たちの答えは、大きく三つに分けられる。一つ目は、何も残らない、というものだ。消しゴムから、色や形やそれ以外の性質全てを取り除いてしまえば、最後には何もなくなってしまう。それらを取り除いても存在する、いわば「裸の消しゴムそのもの」など存在しない。逆に言えば、それらの性質を寄せ集めて束《たば》にしたものこそが消しゴムだったのだ。このような考え方は、「束説」と呼ばれる。

二番目の答えは、束説で否定された「裸の消しゴムそのもの」が存在し、それが残る、とする立場である。この立場によれば、白さや四角さの担い手としか言いようのないもの、哲学用語で言う「基体《きたい》」が存在する。たとえ色も形も持たない基体を私たちが認識できないとしても、それでも「基体」は存在するのである。日常的に「消しゴム」と呼ばれているのは、この「基体」としての「裸の消しゴムそのもの」に、「白さ」や「四角さ」などの性質がくっついたものである。性質は、基体にくっついたものとしてのみ存在している。この立場は「基体説」と呼ばれる。

三番目の答えは、そもそも消しゴムから白さや四角さなどを取り除くことはできない、というものだ。この立場は、「白さそのもの」のような普遍は存在しないとする立場に対応する。消しゴムから取り除かれるべき「白さ」などそもそも存在しない。存在するのは「白くて四角い消しゴム」だけであって、これを「白さ」と「消しゴムそのもの」に分けたりすることはできない。また、そもそも「白さ」と「四角さ」を分けたりすることもできない。したがって、消しゴムから「白さ」や「四角さ」を取り除いたらどうなるか？　と問うことはナンセンスである。このような立場は、個物は性質と分離できない「**かたまり**」である、という意味で「かたまり説」と呼ばれることがある。[33]

皆さんにはどの答えが一番納得いくものに感じられるだろうか。もちろんそれぞれの立場にメリットとデメリットがあるのだが、ここではそれらを直接詳しく紹介することはしない。その代わりに、ヘーゲルがこの問題に与えた独特の解答について見ていくことにする。

個物の問題とヘーゲルの本質論

「塩とは〈も〉である」、という議論を思い起こそう。このヘーゲルの議論は、一見すると、いま紹介した三つの説の中では一番目の「束説」に最も近いように思える。個別的な塩のか

33　D・M・アームストロング『現代普遍論争入門』（秋葉剛史訳、春秋社、二〇一三年）。なおそこでの訳語は「塊理論」となっているが、他の説との対比がわかりやすいように訳語を変更した。

たまりは、白くもあり、四角くもあり、塩辛くもある。このように言われるときの〈も〉こそが、塩のかたまりにほかならない。この〈も〉は、束説の言う「束」として理解できそうだ。塩は、白さや四角さや塩辛さを束ねる〈も〉にすぎない。これらを取り去ってしまったら、塩そのものなど残らない。ヘーゲルはこう主張しているように思える。

しかし、ことはそう単純ではない。確かにこの箇所で「塩は〈も〉である」と論じているときには、ヘーゲルは束説の支持者であるように見える。しかし、ヘーゲルはこう述べた直後に、塩のような事物は〈も〉であることにとどまることはなく、同時に「一」でもあると論じる。個別的なものとしての塩が、単に様々な性質を束ねる〈も〉ではなく、「一」として存在するという考え方は、束説に対立する「基体」説に通じているように思える。基体とは、様々な性質を取り去ったときに残る「一つのもの」だからである。

ここで議論はようやく、「現れ」と「本質」をめぐる問題とつながる。この議論において、普遍としての性質を「現れ」、個物としての基体を「本質」だと考えてみよう。現れと本質の間には、「現れは本質を離れては存在せず、本質も現れを離れては存在しない」という関係があった。普遍と個物も、このような関係に立っていると考えられる。白さや塩辛さがなければ、塩は存在できない。しかし、白さや塩辛さは塩が持つ性質なのであり、それを離れて存在するものではない。この意味で、白さや塩辛さとは別に、「塩そのもの」が存在すると考えなければならない。両者の関係は、ヘーゲルが「反照」と呼んだものである。

こう考えると、ヘーゲルの立場は二番目の「基体」説に近いように思われる。ただしヘーゲルは、消しゴムや塩から性質を全て取り除くこともできないと考えるはずだ。現れを離れては本質もないのと同様、性質を離れては基体もないからだ。性質も基体も存在するが、それらは互いを離れては存在できない。これがヘーゲルの考えだということになるだろう。

ヘーゲルの思考法を盗む

本章では、「本質」をめぐる問題について、人やもの、出来事の本質についての問いや、普遍と個物についての哲学的問題と関連付けながら、ヘーゲルの考えがどのようなものかを見てきた。一言で言えば、ヘーゲルは、本質が現れと対になり、反照という関係に立っているのだと主張している。私たちは現れを経由しなければ本質について知ることができないのだが、それは本質など存在しないということではない。本質があると考えられるからこそ、私たちはその現れを把握することができる。

ここまで本書を読み進めてきた読者なら、ここにヘーゲルらしい思考の「くせ」を読み取ることができるだろう。ここでもヘーゲルは、「スッキリしない」考え方をしている。私はこれを、「どっちつかず戦略」と言いたくなる。「現れとは別に本質は存在するのか」という問いに対して、ヘーゲルは、「存在するといえば存在するが、現れを離れては存在しない」という、いかにも奥歯に物の挟まったような答えを返す。

しかし私はこのヘーゲルのスッキリしない答えを積極的に評価したい。スッキリしないものをスッキリ説明できるかのように言うことは欺瞞《ぎまん》であり、不誠実な態度であろう。このことを私たちに教えてくれる哲学者なのである。こうしたことは、人生の様々な場面に当てはまるだろう。ヘーゲルは私たちに、人生はままならず面倒なものであるが、そのことと正面から向き合うしかない、と教えている。

どっちつかず戦略の活用

本章はどうしても抽象的な話が多くなってしまったが、私はここでも、このような議論が、私たちの人生やビジネスに役立たせられ得る、と論じたい。どっちつかずのスッキリしない態度を積極的に肯定するヘーゲルの考え方から、私たちは重要なことを学べる。それは、

「本質は簡単には見抜けない」と肝に銘ぜよ、ということだ。

これは日常生活において、非常に重要だろう。ある人が信頼に値するかどうかを判断するためには、その人と長く付き合っていくしかない。もちろん周囲の人から評判を聞いたりすることはできるが、それとて、その人の別の「現れ」について知るということでしかない。本質を一足飛びに知ることは、やはりできないのだ。日常的な人付き合いにおいても、職場の人間関係や人事評価においても、あるいは家族と接する上でも、いま見えているのはその人の一つの「現れ」でしかないということを常に肝に銘じておくことが重要である。様々な側面に触れることを通じて、その人の全体像を知り、そこからその人の「本質」について考え続けなければならない。

日々の仕事についても、同様のことが言える。ある仕事の本質をつかみたければ、その仕事にコツコツと打ち込み、様々な側面を学びながら考えるしかない。もちろん、マニュアルなどがあれば、その仕事についてかなり効率よく知ることができるかもしれない。それでも、マニュアルに書かれていることは、その仕事の一つの現れでしかない。そこに書かれていない様々な側面については、実際の仕事の中で一つ一つ知っていく必要があるし、練習を積み重ねなければならない。「マニュアルなどで学べない仕事のやり方を実際に働きながら学ばせる」ということを表す「ＯＪＴ（On-the-Job-Training）」という言葉もあるが、このＯＪＴが重要なのも、仕事の本質をつかむことがかくも難しいからである。ヘーゲルの議論は、こういったこととつながっている。

あるいは、あなたが、新規事業に投資するかどうかの判断を迫られているとしよう。新規事業の本質は何なのか、一言で説明してほしいという気持ちになってしまうこともどうしてもあるだろう。しかし、そのような態度は、問題をあまりにも単純化しすぎている。「考え抜く」ことを放棄してしまっているのだ。新規事業によって開ける可能性や、それがぶつかることになる問題点について、一つ一つ検討しなければならない。本質を一足飛びに知ることはできない、というヘーゲルの考えを頭に入れておけば、このような場面でも、安易な答えに飛びつくことはなくなるだろう。一つ一つの「現れ」を根気よく検討することでしか、本質に至ることはできないということがわかるからである。

様々な場面で「どっちつかず」に向き合い、それに耐えることは、私たちがヘーゲルに学べる「考え抜く力」の中でも最も重要なものである。本書の読者には、ぜひこの力を身につけてほしい。

第五章 「認識」を考え抜く

一　認識論という問題圏

映画とニュース、小説と歴史書

本章のテーマは「**認識**」だ。私たちが何かを知った、認識したと言えるのはどんなときだろうか。私たちは本当に世界を正しく認識できるのだろうか。できるとすれば、それはなぜだろうか。これもまた西洋哲学の花形テーマだが、同時にこれもまた抽象的でとっつきにくい分野でもある。ここでも、まずは問題を身近に感じていただくところから始めたい。

映画や小説、テレビドラマを見るときのことを考えてほしい。私たちは映画を見ても、それが現実の出来事だとは考えない。ネズミが苦手でどら焼きが好きな「ドラえもん」という名前の青い猫型ロボットも、映画『バック・トゥ・ザ・フューチャー』（一九八五）に登場する、一九八五年から一九五五年にタイムトラベルをしたデロリアンも現実には存在しない。これらはいずれもフィクションであり、現実の世界で起こったことではない。そして、それらの作品を見ても、私たちは現実世界での出来事について何か新しいことを知ったとは考えない。つまり、それらは現実世界についての認識とは見なされない。

ニュースを見たり歴史書を読んだりすることは、これと大きく異なる。テレビのニュースで日経平均株価が三万円台を回復した、と報道されれば、これは現実世界で生じた出来事だと見なされる。同様に、歴史書で一六〇〇年に関ヶ原の戦いが起こったという記述を読めば、これも現実世界の出来事と見なされる。つまり、私たちはニュースや歴史書を通じて、現実世界について新たな事実を認識する。

したがって、映画を見たり小説を読んだりすることは現実世界についての認識ではないが、ニュースを見ることや歴史書を読むことは現実世界についての認識だと言えることになる。この当たり前の事実から、認識についての哲学を始めてみよう。

「対応する事実」の有無

映画を見ることとニュースを見ることはどう違うのだろうか。それは一言で言えば、それに対応する出来事が存在しているかどうかだ。私たちが見聞きしたことと現実世界の出来事が対応していれば、私たちは何かを知った、認識したことになるし、対応していなければ、何かを知った、認識したことにはならない。

これだけの事実から、「私たちが何かを知ったと言えるのはどんなときか」という問いには簡単に答えることができるように思える。私たちが見聞きしたことに対応する事実が現実世界に存在していれば、私たちは何かを認識したと言える。対して、私たちが見聞きしたことに対応する事実が現実世界に存在しなければ、私たちは何かを認識したとは言えない。認識とそうでないものを分けるのは、**「対応する事実」**の有無であるように思える。

しかしこの考え方には弱点がある。なぜなら、「対応する事実」があるかどうかは、いつも簡単にわかるわけではないからだ。ファンタジー映画なら、私たちはそれがフィクションであり、それに対応する事実は現実には存在しないと最初から知っている。このような場合には、「対応する事実」の有無によって認識とそうでないものを分けることはたやすい。しかし、対応する事実が存在するかどうかは、常に簡単にわかるわけではない。

正しいと思っていたことが実は間違っていた、という経験は誰しもあるだろう。バブル期には日本の地価は上がり続けると考えられていたが、これは間違っていた。あるいは、子育ての際、赤ちゃんが泣くたびに抱っこしてあげることは「抱き癖」がつくからよくないという考え方が過去には常識であった。しかし現在ではこれは否定されており、泣いたらすぐに抱くことが重要だとされている。このような場合、私たちは「抱き癖」はよくないということを知っている、認識していると思っていたが、それに対応する事実は実は存在せず、したがってそのような知識を持っていたとは本当は言えなかった、ということになる。

このような誤りのほかに、錯覚の問題もある。水の入ったコップの中のマドラーが折れ曲がって見えたとしても、実際にマドラーが折れているわけではない。光の屈折によって引き起こされる錯覚である。私たちには「マドラーが折れ曲がっている」と見えるのだが、これに対応する事実はない。

逆に、半信半疑だった情報や誤っていると思っていた情報が正しかったということもあるだろう。私は本書執筆のお話をいただいたとき、失礼ながら半信半疑であった。もちろん自分の研究には自信を持っていたが、当時はまだ単著もない若手研究者であった上、哲学系の書籍を過去にあまり出版していない光文社新書からの依頼だったからである。しかし詳しい話を聞いて、本当のことなのだと考えるようになった。皆さんにも多かれ少なかれ似たような経験があるだろう。このような場合、認識がいつ成立したかは難しい問題となる。私が自分に執筆依頼が来ていると認識したのは、初めて編集者の方から連絡をいただいたタイミングだろうか。それとも、後楽園近くの喫茶店で詳しいお話を伺ったときだろうか。

懐疑論の問題

事実との対応によって認識を説明することの困難さを、哲学で伝統的に問われてきた「懐

疑論」という考え方に関連付けて、もう少し詳しく考えてみたい。懐疑論とは、「実はこの世界は存在せず、私たちが世界についての認識だと思っていることは全て幻想かもしれない」という考え方のことだ。様々な物事に疑いを懐《いだ》く議論だから、「懐疑論」と言う。

懐疑論者は、全ては夢かもしれないと想定せよ、と言う。私たちは、夢を見ている最中に、それが夢だと気づかないことがしばしばある（もちろん気づく場合もあり、そのような夢は「明晰夢《めいせきむ》」と呼ばれる。しかしここでは気づかない場合があるということが重要である）。

例えばあなたがいまこの本を読んでいること自体、夢かもしれない。そうでないとなぜ言えるのだろうか。私は以前に大学で朝八時五十分から始まる一時間目の授業を持っていたとき、「皆さん一時間目に間に合って出席していると思っているでしょうが、実はまだ布団の中にいて夢を見ているだけかもしれませんよ」と言って懐疑論の導入をして、学生にずいぶん不安な顔をさせてしまったことがある。そう言われたときに学生たちが不安になるのは、夢の中で夢だと気づかずに登校の準備をするということが十分想像できるからだろう。私自身、そのような夢を見たことは一度や二度ではない。それなのに、いまは夢の中ではないとどうして言えるのか。

いま夢を見ているわけではないと言えないとすれば、私たちがそもそも何かを認識していると言えるかどうかも一気に怪しくなってしまう。少なくとも「事実との対応」を基準にしている限りはそうだ。窓の外で雨が降っているのを見ても、それが夢である可能性を排除できないならば、「雨が降っている」と認識したかどうか判定することはできない。懐疑論は、対応する事実を持つ認識と、そうでないものを区別するのが簡単ではないと教えてくれる。

懐疑論に直面したとき、問題になっているのは、私たちの認識の客観性だ。夢のような、単なる私たちの主観的なイメージと、現実世界についての客観的な認識を分けているものは何なのか。私たちが抱く観念が現実世界に対応しているかどうか、どうすればわかるのか。あるいは、そんなことはわからないと諦めてしまうしかないのか。

経験による成長と認識論

誤った信念や錯覚と、客観的な認識を区別するのが意外にも難しいことはわかっていただけたとしよう。これを通じて、哲学の重要問題としての認識論がどのような問題かを理解し、身近に感じていただくことが本節の目的だった。しかし、ここまでの説明だけでは、結局のところ認識論は知的なパズルのように思われてしまうかもしれない。確かに全ては夢かもしれないが、そのようなことを考えても仕方がないではないか。そのようなことを二千年以上も前から考え続けている哲学は、やはり浮世離れした学問であり、知的なパズルにすぎないのではないか。ここでも、このような感想を持たれた読者がいるかもしれない。

しかし、私は今回も、そうではないと主張したい。認識論は、単なる知的なパズルではなく、私たち一人一人の人生に関わる重要な問題である。ヘーゲルの話に入る前に、このことについて論じておきたい。

認識論が私たちの人生に深く関わるのは、それが「経験から学ぶ」ことに関わるからだ。私たちは人生において様々なことを経験し、そこから教訓を得ようとする。働き始めれば誰でも、経験から、仕事のやり方を学び取っていく。また、本を読んだり、先輩に教わったりして、新たな仕事についての知識をつけ、スキルを洗練させてゆく。

そうしたプロセスの中で、私たちはしばしば壁にぶつかる。新たな部署で、これまでの仕事のやり方が通用しないこともあるだろう。過去の上司から習ったやり方を、新たに赴任してきた上司に否定されることもあるかもしれない。このような状況に陥ると私たちは、それまで自分が正しいと信じてきたことを疑わざるを得なくなる。その上で、これまでのやり方を捨てて新たな方法に挑戦するのか、それとも、それまでのやり方を押し通すのか、判断を迫られる。

例えば、いま、この原稿を書いている二〇二一年現在、人類は新型コロナウイルスの流行という危機に直面している。この危機に対処するため、多くの企業はテレワークを導入した。書類に印鑑を押すことが本当に必要なのか、といった細かなことまで、それまでの仕事のやり方を継続するべきかどうか、一つ一つ検討しなければならなくなった。

このように、私たちはしばしば、それまで正しいと思っていたこと、それまで信じていたやり方が揺らぐ経験をする。こうした経験は、裏を返せば、発展と成長のプロセスとも言える。信念が揺らぐ経験を通じて、新たな知見をつかみ取ることで、私たちは職業人として、また一人の人として、新たな状況に適応し、成長することができる。人類全体の知識も、危機を乗り越えることで発展してゆく。

ところで、それまで正しいと思っていたことが揺らぎ、判断を迫られるという状況で我々が直面する問題は、誤った考えと正しい認識を区別するという状況で我々が直面する問題とまさに同じものである。水の入ったコップの中のマドラーは、折れ曲がって見えても実際には折れ曲がっていない。大人にとっては常識に属するこの錯覚も、そのことに初めて気づく子どもにとっては驚きに満ちた経験である。初めて錯覚に気づいた子どもは、「まっすぐなものが折れ曲がって見えることはない」という考えが誤っていることに気づく。そして、この信念が揺らぐ経験を通じて、「水の中ではまっすぐなものが折れ曲がって見えることがある」という、新たな正しい認識に至る。このとき、職業生活において経験を通じて学び、新たな仕事のやり方を習得するのと同じことが起こっている。

したがって、正しい認識とは何か、私たちはどのようにして正しい認識に至るのか、という哲学の問題は、ここでも私たちの人生とつながっている。単なる机上の空論、知的パズルではないのである。

さて、認識論がどのような問題か、またそれにどんな意義があるかについての論述はここまでにしよう。次節からは、ヘーゲルが認識論の問題にどう取り組んだかを見てゆく。

二　カント哲学という出発点

「観念論者ヘーゲル」のイメージ

ヘーゲルの認識論についての詳しい説明に入る前に、巷に流布しているヘーゲル哲学のイメージについて言及しておきたい。「弁証法」と並んでヘーゲル哲学に結びつけられる言葉に、「**観念論**」がある。これは確かにヘーゲルの認識論に関わる概念なのだが、多くの場合誤解を含んで理解されている。

誤解されたヘーゲル哲学によれば、思考と現実に境目はなく、私たちの認識は常に正しい。私たちが思い描いたものはなんであれ、そのまま現実になる。懐疑論者が「目に映るものは全て疑わしい」と考えたのと対照的に、ヘーゲルは、「頭に浮かぶものは全て正しい認識として信頼してよい」と考えた。このような途方もない主張がヘーゲルに帰属させられることがしばしばある。これは明らかに誤った、とんでもない主張である。我々の認識がしばしば誤ること、私たちが思い描いたことが全て実現するわけではないこと、これらのことは火を見るより明らかである。

ヘーゲルは本当にそのような明らかに誤った主張をしているのだろうか？　この本をここまで読み進めてこられた読者なら同意してくださるのではないかと思うが、「そのようなことはあり得ない」と私は考えている。思い出してみてほしい。生き方について論じるにあたってヘーゲルは、社会において価値があるとされていることは何か、ということを考慮に入れて自分の生き方を見直すだけの柔軟さを持っていた。学問について論じた際には、ヘーゲルがすでに「科学の時代」の始まりを生き、自然科学の隆盛を真剣に受け止めていたことを指摘した。そのような注意深い思考の担い手が、話題が認識論になった途端に、「私たちが思い描いたものはそのまま現実になる」といった突拍子もない主張をするだろうか。しないと考えるべきだろう。

それでは、ヘーゲルは実際にはどのようなことを考えたのだろうか。これを正確に理解するためには、ヘーゲルに先行するカントの認識論の大枠を理解しておくことが非常に重要である。ここを丁寧に押さえておくことで、よくある誤解に陥るのを避けることが可能になる。

ヘーゲルとカント

第一章でも指摘したが、ヘーゲル哲学の多くの部分は、同じドイツでヘーゲルの少し前の時代に活躍した哲学者、イマヌエル・カントの哲学に影響を受けながら、それを乗り越えることで形成された。特に認識論については、カントの考え方を下敷きにした上で、それに対する不満を表明し、批判を展開する中でヘーゲル自身の立場が明かされている。このような事情から、ヘーゲルの認識論について論じるにあたっては、先行するカントの認識論を押さえておかなければならない[34]。

ヘーゲルとカントには、親子のように似通っているところと、水と油のように相容れないところが共存している。これらはいずれも、ヘーゲルがカントの影響下で思考を展開したからだ。大まかに言えば、ヘーゲルはカントが提起した認識論上の問題の重要性を認め、その点でカントに共感していた。しかし、その問題にカントが与えた答えにはヘーゲルは納得できず、自分なりに別の答えを与えようとした。

以下では、あらかじめカントの認識論の概略を述べてから、それと対比する形でヘーゲルの認識論がどのようなものかを明らかにするという順序で議論を進めたい。しかしその前に、まずはカントとヘーゲルが共通して取り組んだのはどのような問題だったのかを明らかにしておこう。

カントが提起した問題

カントが提起し、ヘーゲルにも受け継がれた認識論上の問題とは、なぜ私たち人間は現実世界を正しく認識できると言えるのか、という問題である。この問題について理解するためには、先ほど紹介した懐疑論についてもう少し掘り下げておくのがよい。

懐疑論では、現実だと思っていたことが実際には夢だったということがあるように、私た

34　以下の議論は、拙著『全体論と一元論――ヘーゲル哲学体系の核心』（晃洋書房、二〇二一年）の第二章と第三章を下敷きにしている。

ちの認識は全て信用ならないもので、主観的にはどんなに確実に思えても、客観的に正しいとは言えないとされる。[35] カントはこの考えを「哲学のスキャンダル」と呼び、克服すべき問題だと考えた。

カント哲学の巧みさは、「私たちの認識は本当に客観的か」という問いを直接問わずに、問題を変形したところにある。カントが代わりに立てたのは、**「私たちは事実を客観的に認識できるはずだ。でも、どうやって？」**という問いである。「できるか、できないか」ではなく、「どうすればできるのか」を考えようとしたのだ。さらに言い換えれば、「どう考えてもできているはずなのだが、それはなぜか」を明らかにしようとした。カントの言葉で言えば、「認識の可能性の条件」を探し当てることが、『純粋理性批判』の目標であった。そしてカントは、このような探究のことを「**超越論的**」な探究と呼んだ。認識そのものではなく、その一段上の条件を問うているからだ。

カントの認識論を完璧に理解するためにはこのプロジェクトの全体像を明らかにする必要があるが、そのためにはもっと分厚い本を書かなければならなくなるだろう。そこで本書ではカントのプロジェクトの全体をまんべんなく紹介することはせず、「私たちは事実を客観的に認識できるはずだ。でも、どうやって？」という問いに答えるカントの議論の道行きから、ヘーゲルの議論を理解するために必要となるエッセンスだけを取り出して紹介することにする。

本書では、カントの考えのエッセンスを大きく以下の三つのポイントに分けて紹介する。

①私たちには「感性」と「悟性」という二つの認識能力がある。
②認識の成立には、「超越論的統覚《ちょうえつろんてきとうかく》」による点検のはたらきが必要である。
③これらのほかに、私たちの認識の成立にとって不可欠な考え方（カテゴリー）がいくつかあり、それらは経験に先立つア・プリオリなものである。

どうしても専門用語が次々と登場する難所となってしまうが、なるべくかみ砕いて説明したい。

35　厳密にはカントを触発してこの問題に向かわせたのは夢の懐疑ではなく、イギリスの哲学者デイヴィッド・ヒュームが提起した因果性に関する懐疑である。ただしここではこの問題には深く立ち入らない。

感じる能力と考える能力

人間が客観的な認識をすることができるのはいかにしてなのか。この問いに対するカントの最も大まかな答えは、私たち人間が客観的な認識のための能力を持っているからだ、というものだ。

「認識のための能力」という言葉がわかりにくければ、「認識のための道具」と言ってもよい。私たちは、天体を詳しく観測するために望遠鏡を用いる。あるいは、顕微鏡を使うことで、微生物を観察することができる。同様に、そもそも認識というものを遂行するために私たちがいつも使う道具がある。それは何か。

カントの議論を紹介する前に、私たちは認識のためにどんな道具を使っているのか、少し考えてみよう。まず思い浮かぶのは、目や耳といった感覚器官だろう。同時に、現代科学の知見によれば、これらの感覚器官からの情報を伝達する神経や、それを受け取って処理する脳のはたらきも必要である。カントはもう少し抽象的なレベルで、これらの認識の道具について思考した。

カントは、認識のための能力を、「**感性**」と「**悟性**」の二つに分けて整理している。感性とは、**データを受け取る能力**だ。これは、感覚器官をはたらかせ、その情報を伝達する能力ということになるだろう。一言で言えば、「感じる能力」である。これに対して悟性は、**受け取ったデータを処理して解釈する能力**だ。こちらは、「考える能力」と言える。[36] 感じる能力としての感性と、考える能力としての悟性。この二つが合わさって初めて、客観的な認識が可能になる。

感性と悟性という対によって認識を分析するカントの手法は、言葉としては少し耳慣れないかもしれない。しかし、その意味することは、私たちの日常的な感覚に肉薄している。例えば、「考えるな、感じろ！（Don't think, feel!)」という、非常によく知られた台詞がある。この台詞はあまりにも有名で、初出とされるブルース・リー主演の映画『燃えよドラゴン』（一九七三）を見たことがなく、あらすじすら知らない私でも知っている。同じようにこの台詞だけを知っているという読者も多いだろう。この台詞がこれほど有名なのは、「考えること」と「感じること」は対になっているという感覚を、私たちが共有しているからではないだろうか。もちろんここでの「考えること」はカント哲学の悟性に、「感じること」は感

36 「悟性」の訳語は伝統的に定着しているため本書でも採用するが、「悟性」は通常の意味での「考えること」や「理解すること」に関わるものであって、何か深遠な「悟り」のようなものとは関係がないことに注意してほしい。

性に対応している。カントは、これら二つの能力の組み合わせを重視したのだ。

ただし、ここで誤解を防ぐために急いで付け加えなければならないことがある。カントは決して、「考えるな、感じろ」とは言わないはずだ。カント哲学においては、「考えずに感じた」ことは、客観的な認識とは言えないとされるからである。私たちは感じる能力と考える能力の両方をはたらかせることで初めて、客観的な認識に至ることができる。考えずに感じることは、不可能である。あるいは、もしできたとしても、そうやって感じられたことは客観的な認識とは言えない。[37]

なぜそうなるのかは、本章の第一節で例に挙げた錯覚のことを考えるとわかるだろう。水の入ったコップの中で、マドラーが折れ曲がって見える。このとき、これを初めて見る子どもでなければ、マドラーが折れ曲がっているとは認識しないはずだ。マドラーが折れ曲がっているように感じられたとしても、私たちはこれまでの経験に照らし合わせて考えて、コップに水が入っているから折れ曲がって見えるだけで、実際にはマドラーは折れ曲がっていない、と認識することができる。つまり、「折れ曲がったマドラーがある」という誤った認識ではなく「まっすぐなマドラーが折れ曲がって見えている」という正しい認識に至ることができる。この認識に至るためには、感じるだけではいけない。感じたもの、見えたものについて考えなければならない。

まとめよう。カントの認識論では、感性と悟性という二つの能力を組み合わせて一緒にはたらかせることで、認識が可能になるとされる。感性とは、データを受け取る能力、「感じる」能力であり、悟性とは、データを処理する能力、「考える」能力である。カントによれば、このどちらが欠けても、客観的な認識は不可能である。

チェック機能としての超越論的統覚

感性と悟性という二つの道具によって、認識が成立しているということがわかったとしよう。しかし、これだけでは十分ではない。天体観測の道具である望遠鏡を正しく覗くのにはコツがいる。これと同様に、認識の道具である感性と悟性を正しく使うためにも、コツが必要である。

カントの認識論において、感性と悟性を正しく使うためのコツにあたるのが、「**超越論的**

37　もう少し細かいことを言えば、カントの感性は日本語で「感覚」と言うときの「感じる」に近く、「感情」の意味での「感じる」とは異なる。いずれにしても、あくまでもイメージをつかんでもらうための大ざっぱな説明であることに注意してほしい。

統覚」という考え方だ。漢字が六つも並んでいかにも難しそうだが、なるべく平易に解説していこう。

感性とはデータを受け取る能力であり、悟性とは受け取ったデータを処理する能力だった。このデータの入力と処理にはしかし、しばしば間違いが含まれている。遠くの建物の高さを実際より低く見積もってしまったり、ちょっとした風邪をひいただけで深刻な病気なのではないかと不安になったりした経験は誰しもあるだろう。

客観的な認識のためには、こうした間違いを適切に正してやることが必要だ。これを可能にするのが、超越論的統覚である。超越論的統覚とは、**自分がいまどのようなデータを受け取り、どのような処理をしているかを、いったん立ち止まって振り返り、点検する能力**である。自分で自分のことを振り返って意識する能力であるから、反省の能力、自己意識の能力と言い換えることもできる。いずれにせよ、「振り返り」や「点検」のはたらきだと理解してほしい。

この点検は、具体的には、いまある手持ちのデータやその分析結果相互の整合性を検討することによってなされる。建物の高さを見間違う例であれば、近づいて見て得られたデータとその解釈（「高い建物である」）を、遠くから見たときのデータとその解釈（「低い建物である」）と比較すれば、両者が不整合をきたしていることがわかる。これに、近くで見たときのデータや分析結果の方が信頼できるという知識を加えて考えれば、その建物が実際には高い建物だという正しい認識に到達できる。

この手法は、夢と現実を区別するときにもある程度使えるように思われる。例えば、外出しようと家のドアを開けたら、近所の住宅街ではなく青々とした草原が広がっていた、という夢を見たとしよう。このとき、違和感に気づかないまま夢が進行してゆくこともちろんあるが、ときには私たちは、家の外が草原に変わるはずがないと思い、それが夢であると気づくこともある。夢であると気づく場合には、「家のドアの外は住宅街である」という認識と、「家の外の風景がいきなり変わることはない」「家がいきなり住宅街から草原に移動することはない」という知見を合わせて、「ドアの外は草原である」というデータを否定する。そして、これらを総合的に判断した結果、これは夢である、という結論に達するのである。[38]

38　「点検」というと、現在の処理の全てをリストアップして一つ一つチェックしていくようなことが想像されるかもしれないが、実際にはそのようになっているわけではない。実際、「何かおかしなことが起きている」という違和感は、常に意識的なチェックの結果として生じるとは限らない。したがってここでの点検はしばしば、いわば無意識的に行われるということになる。

ここまでをいったんまとめておこう。感性と悟性をうまくはたらかせるためには、「超越論的統覚」をはたらかせる必要がある。これは具体的には、感性と悟性によって得られた認識の整合性を振り返り、点検するはたらきだ。感性と悟性と超越論的統覚、これら三つのはたらきによって、私たちの認識は可能となる。

カテゴリーとは何か

これまでのところで、客観的な認識のためには感性と悟性、それに超越論的統覚のはたらきが必要だとカントが考えていたことがわかった。しつこいようだが繰り返せば、これらは、データを受け取る能力、そのデータを処理する能力、そしてそれらのデータを相互に比較して整合性を点検する能力にあたる。

これだけでも認識が成立しそうにも思えるが、カントはそれだけでは心許《もと》ないと考えた。なぜなら、データやその解釈の間に不整合が生じたときに、どれを正しいものとして採用し、どれを誤ったものとして棄却すべきかが不明瞭だからだ。

具体例を考えてみよう。あなたが部屋で一人くつろいでいるとき、突然テレビの電源が入った。あなたは何事かと驚く。何の原因もなくテレビがつくはずはない。しかし一見したところその原因は見つからない。あなたは首をかしげながら、テレビの電源を切る。このとき、私たちの認識には相互に不整合が生じている。一方には、何の原因もなくテレビがつくはずはない、という、私たちが元々持っている認識がある。他方で、実際にいま目の前で何の原因もなくテレビがついたという、感性によって与えられたデータに基づく認識がある。多くの人は、目の前で見たデータによる認識を否定し、何の原因もなくテレビが動くはずはない、大方、気づかないうちにテレビのリモコンを触ってしまったか、あるいはテレビが壊れたかだろうと考える。つまり、統覚をはたらかせて、「何の原因もなくテレビがついた」というデータを、不可解なものとして退けるのである。

しかし、必ずしもそのように考えなければならないわけではない、と食い下がる人がいたとしたらどうだろう。例えば、これは本物の超常現象だ、何の原因もなくテレビがついたのだ、と考える人もいるかもしれない。このような人たちを「そのような考えは間違っている」と説得することは可能だろうか。

カントは、説得は可能だと考えた。彼によれば、「出来事には原因がある」という考え方は、私たち人間にとって特別なものである。なぜなら、「出来事に原因がある」という考えは全員が共通して持っている思考の枠組みだからだ。この枠組みを離れて何かを認識するということはあり得ない。因果関係という考え方は、私たちの各々の経験によって得られるものではなく、経験そのものを成り立たせているものなのだ。だから、これを否定するような、「何の原因もなくテレビがついた」という考えは合理的なものではあり得ない。

カントは、因果関係に関する考え方（カントの言い方では「原因性の概念」）のように、思考の枠組みになって、経験そのものを成り立たせている考え方を「**カテゴリー**」と呼んだ。ここでは詳述しないが、カントはカテゴリーが十二個あるとし、客観的な認識のためには、十二個のカテゴリーは必ず必要なものだと考えた。

ア・プリオリとア・ポステリオリ

カテゴリーは、経験を成立させる枠組みであった。このことには、重要な含みがある。それは、カテゴリーは経験によって得られるものではないということだ。私たちは、「出来事には原因がある」という考え方を、経験によって学び取るのではない。そうではなく、この考え方は経験に先立ってすでに得られている。

カントは、「経験に先立っている」という性質のことを「**ア・プリオリ**」と呼んだ。カテゴリーは、私たちがア・プリオリに持っている考え方だ。これに対して、経験によって得られる考え方は「**ア・ポステリオリ**」と言われる。例えば、「日本ではこれから少子高齢化が進むだろう」という考えはア・ポステリオリなものだ。

また仰々しい専門用語が登場して申し訳ないが、この言葉は、「ア・プリオリ（a priori）」の「プリ」が「プリペイド」の「プリ」と同じだということがわかれば比較的意味を理解しやすいだろう。「プリペイド」は物を買う前に、それに先立ってお金を払う支払い方法のことだ。「ア・プリオリ」と、「先立って」という意味が共通している。同様に、「ア・ポステリオリ（a posteriori）」の中には「あとの」という意味の「ポスト（post）」が含まれている（ちなみに、プリペイドサービスほどは普及していないが、後払いの「ポストペイ」サービスもある）。

ところで、カントは、十二のカテゴリーのほかに、空間と時間による世界の捉え方もア・プリオリだと考えた。これらのア・プリオリな考え方、世界の捉え方の枠組みによって、私たちの経験は成り立っている。これらは経験に先立つはずであり、経験によってこれらの枠組みが得られるわけではないのである。

カントの認識論のまとめ

ヘーゲルを理解するために押さえておきたいカントの認識論はさしあたりここまでである。複雑であり、専門用語も多く出てきたため、最後にもう一度まとめておきたい。

カントの認識論を貫く問いは、「私たちの認識はいかにして可能か」であった。この問いの答えを私たちは、三つのステップに分けて見てきた。つまり、①私たちには「感性」と「悟性」という二つの認識能力がある。②認識の成立には、「超越論的統覚」による点検のはたらきが必要である。③これらのほかに、私たちの認識の成立にとって不可欠な考え方（カテゴリー）がいくつかあり、それらは経験に先立つア・プリオリなものである。以上の三つである。

「感性」はデータを受け取る能力であり、「悟性」はそのデータを処理して思考する能力であった。こうしていったん成立した認識について、「超越論的統覚」を駆使して振り返り、誤りを訂正することも、客観的な認識のためには必要なのであった。また、感性や悟性をはたらかせる際には、ア・プリオリな考え方としてのカテゴリーや、時間・空間という世界の捉え方が不可欠なのだった。

ヘーゲルは、これらの論点のうち、②の「超越論的統覚」に関する考え方をカントから受け継いでいる。しかし、①の感性と悟性という二つの能力があるという主張には明確に反対する。そして、③のア・プリオリな考え方があるという主張についても、私が見る限りでは、ヘーゲルは反対している。次はいよいよこれらの点について詳しく見ていこう。

三　ヘーゲルとカントの対決

ヘーゲルとカントをつなぐ三つの論点

ここからはいよいよ、ヘーゲルがどのような認識論を展開したかを紹介していきたい。ヘーゲルが生きた時代、ドイツの哲学界はカント哲学に席巻されていた。ヘーゲルもカント哲学を学び、それを乗り越えようとする中で独自の哲学を展開した。

前節の最後に予告したとおり、ヘーゲルの認識論とカントの認識論をつなぐ論点は三つある。そのうち一つは、「超越論的統覚」のチェック機能に関する議論である。ヘーゲルはこの議論をカントから受け継いだ。

統覚のチェック機能についての議論はヘーゲルがカントから受け継いだ論点だったが、それ以外の二つの論点については、ヘーゲルはカントを批判し、乗り越えようとしている。そのうちの一つ目は、私たちにはデータを受け取る能力としての感性と、受け取ったデータを処理する能力としての悟性という二つの認識能力がある、という考え方である。ヘーゲルは、感性と悟性が独立した二つの能力だという考え方をとると、どうしても説明できないことが残ると考えた。そして、その問題を回避するために、感性と悟性が一緒になった「**直観的悟性**」を考えなければならないと論じた。

ヘーゲルがカントを批判した第二の論点は、私たちの認識は、「物事には原因と結果がある」のような、経験に先立つア・プリオリな思考様式によって成立している、という論点である。これに対してヘーゲルは、私たちの思考様式をア・プリオリなものとア・ポステリオリなもの、すなわち、経験に先立つものと、経験によって成立するものに分けることはできないと考えていたように思われる。

以下、本節ではこれら三つの論点について、詳しく見ていくことにする。

統覚の統一と点検のはたらき

カントにおける超越論的統覚の統一についてはすでに、それが「振り返り」や「点検」の能力であることを指摘しておいた。自分が何を認識しているのかを振り返り、そこに不整合がないかをチェックするのが統覚のはたらきである。これが、客観的認識の成立のためになくてはならないものだとされた。

このような統覚のはたらきは、認識全体の整合性をチェックするものであるという点で、「**全体論**」的だと言われることがある。高いと思っていた建物が実際よりも低かったという例を思い出してみよう。このとき私たちは、近づいて建物を見たときに得られたデータとその解釈（「高い建物である」）と、遠くから見たときのデータとその解釈（「低い建物である」）を比較して、両者が不整合をきたしていることに気づく。ところで、このとき同時に、その建物の周辺の木の大きさ、山の高さ等々についての認識もチェックされ、訂正されることになるだろう。特定の建物の高さについての認識をチェックするときには、実際には、それに関連する様々な認識も同時にチェックされている。このような仕方で、私たちの認識の全体は相互につながっている。そして私たちは、認識の全体を見渡しながら、その整合性を常に点検している。

カントの超越論的統覚の考え方にある、この全体論的な性格をヘーゲルは受け継いでいる。ヘーゲルはそのような全体のことを、「概念」や「思考」という言葉で言い表そうとした。ヘーゲルによれば、私たちが何かを認識するときには、常に概念をはたらかせて思考している。この思考のはたらきは、カントの統覚のはたらきと重なっている。

感性と悟性は分けられるのか

ヘーゲルがカントを批判した論点へと移ろう。ヘーゲルがカントを批判する一つ目の論点は、私たちが認識のために使っている能力が、「感じる」能力＝データを受け取る能力としての感性と、「考える」能力＝データを処理する能力としての悟性の二つに分けられる、という論点である。

ヘーゲルはこの考えを受け入れなかった。その代わりにヘーゲルは、「直観的悟性」と言われる能力があると考えた。「直観」はカントが感性のはたらきを指して用いた言葉である。したがって「直観的」とあるが、「直観的悟性」は、感性・悟性の両方の特徴を併せ持った一つの能力を指している。ヘーゲルの描像《びょうぞう》においてはこの直観的悟性が、データの受け取りと処理を一手に担うことになる。カントの枠組みでは、データ受容の能力とデータ処理の能力の二つが明確に分けられていた。その後、これら二つの能力が協力することで認識が成立するというのがカントの考えだった。これに対してヘーゲルは、私たちの認識においては、データの入力と処理は表裏一体のもので、感性と悟性というようにそれぞれに対応する能力を分けて捉えることはできないと考えたのである。

ヘーゲルはなぜこのように考えたのだろうか。それは、**「全く処理を施されていない生《なま》のデータ」など存在しない**と考えたからだ。どういうことなのか、詳しく説明しよう。

カントの描像では、私たち人間は、感性によって「生のデータ」を受け取る。その後、悟性がこのデータに処理を加えることで、認識が成立するのだった。これがどういうことなのか、もう少し具体的に考えよう。

一つの典型例は、因果関係である。例えば、スイッチが押されたことが原因となり、結果として電灯がついた、という場面を考えてみよう。このとき、「スイッチが押される」「電灯がつく」という連続的に生じた出来事のそれぞれが生のデータであると考えられるかもしれない。私たちは感性のはたらきによってこれらのデータを受け取る。その後、私たちは悟性をはたらかせ、この二つが連続的に起こったというデータを処理する。そして最終的に、「スイッチが押される」が原因で、「電灯がつく」が結果だという認識に至る。こうして私たちは、感性と悟性の協働により、「スイッチが押されたことが原因となって電気がついた」という因果関係を認識することができる。

因果関係の認識についてのこの分析には、二つ問題がある。一つは、この描像では、因果関係そのものはデータとして与えられず、悟性によって付け加えられたものになってしまうということである。「電灯がつく」や「スイッチが押される」という個別の出来事は感性によって受け取られるデータだが、両者の間の因果関係は、その後のデータ処理のプロセスで付け加えられたものだ。これはよく考えてみると、かなり違和感の残る描像ではないだろうか。「スイッチが押されたことが原因となり、その結果として電灯がついた」という認識を、「データとして与えられた部分」と「処理のプロセスで付け加えられた部分」に分けることなど、本当にできるのだろうか。[39] カントの描像は、私たちの認識のプロセスを必要以上に複雑に描いているのではないだろうか。

カントの描像には、もう一つ難点がある。いまの説明においては便宜上、「スイッチが押される」と「電灯がつく」を生のデータとして扱った。しかし、実際にはこれらはそれ自体、認識と呼ばれるに値するだろう。つまりこれらもすでに処理を施されたデータであり、「生データ」ではないのだ。さらに言えば、「スイッチ」や「電灯」すら「生データ」ではない。私たちはスイッチのような形を見て、それがスイッチだと判断する。あるいは、電灯のような形や、電灯のような明るさ、そして電灯のような色を見て、それが電灯だと判断する。つまり、「スイッチのような形」や「電灯のような形」、「電灯のような色」等々こそが感性が受け取る生データで、「スイッチ」や「電灯」はそれを悟性によって処理することで成立した認識の内容だということになる。さらにダメ押しすれば、「スイッチのような形」と形容した時点で、「スイッチのようだ」という思考がすでに入り込んでしまっている。しかし、本当の生データは、このような形容が全くできないもののはずではないだろうか。

本当の生データは全く形容できない、というのは非常にやっかいな問題である。形容できない以上、ここに文章で描写することもできないし、頭の中でイメージすることすらできないもののはずだ。なぜなら、描写したりイメージしたりした時点で、それは生データではなく、処理の施されたものになってしまっているからだ。読者の皆さんはいま、「全く形容できない生データ」をイメージできずに混乱しているかもしれないが、それは無理もないことである。

このやっかいさこそ、そして、読者の皆さんが感じている混乱こそ、「生のデータ」など

39　カントは、この違和感に気づいていなかったわけではない。それでもカントは、このような複雑な描像をとることが、因果関係についての認識の客観性を守るための唯一の方法だと考えていた。その背景には、イギリスの哲学者D・ヒュームの思想がある。ヘーゲルはそのことも承知しながら、それでもカントの解決法は不十分だと考えた。カント哲学については、御子柴善之『自分で考える勇気――カント哲学入門』（岩波ジュニア新書、二〇一五年）が参考になるだろう。

存在しない、というヘーゲルの主張に説得力を与える。「生のデータ」は、定義上、認識したりイメージしたりすることができないものなのだ。認識できるとしたら、それはもう「生」ではないからだ。少しでもイメージしようとすれば、そこには悟性のはたらき、データ処理のはたらきが混入してしまう。

それならば、「生のデータ」など存在せず、全ては処理済みのデータなのだと考えればよいではないか。こうヘーゲルは言うわけである。私たちはスイッチの生データを感性によって受け取り、それを悟性によって処理してスイッチの認識を作っているわけではない。そうではなく、私たちは初めからスイッチをスイッチとして、データ処理があらかじめなされた形で認識できるのだ。

これを可能にする、感性と悟性の特徴を兼ね備えた能力が、直観的悟性である。「直観」とは、感性が持つ、「データを受け取る」という特徴のことを指している。「悟性」はそのまま、データを処理する能力である。したがって、「直観的悟性」は、データを処理しながら受け取る能力である。こう考えれば、得体の知れない「生のデータ」に悩まされる必要はなくなるのである。[40]

ア・プリオリな思考様式はあるのか

ヘーゲルがカントから離反する第一のポイントは、感性と悟性を分けるというカントの考えを否定し、直観的悟性を認めるということであった。第二のポイントは、カントが「カテゴリー」と呼んだ、ア・プリオリな思考様式についてである。**ヘーゲルは、ア・プリオリな思考様式が存在するということを認めない。**これについて詳しく見ていこう。

カントにおいては、悟性によるデータ処理にあたって必ず用いられる、経験に先立つ思考様式があるとされていた。それは、「カテゴリー」と呼ばれ、例えば因果性などが含まれていた。もう一度おさらいしておこう。例えば、テレビがいきなり起動したとき、私たちは何の原因もなくテレビがついたとは考えず、リモコンを踏んでしまったなどの原因があると考える。まさにいま、前触れなくテレビがついたということを理由に、「物事には原因がある」という考え方を捨てて、「原因がなくともテレビがつくことがある」と考えるようになる人はほとんどいない。カントによれば、これは、因果性という考え方が経験に先立ち、それを

40　ここでの私の説明はもちろん大幅に簡略化されたものだ。本当ならば、『純粋理性批判』の「純粋悟性概念の超越論的演繹」と呼ばれる箇所の詳細な検討によって、感性と悟性の協働が本当にうまくいくのか、それによって客観的認識が本当に成立するのか、という問題を検討する必要がある。

可能にする特別なものだからである。

しかし、ヘーゲルの認識論を徹底するならば、このような考え方は認められなくなるように思える。私がこう考えるのには、二つ理由がある。

第一の理由は、感性と悟性が一体化させられたことに関わる。カントにおいては、感性によるデータの受容と、悟性によるその処理は明確に区別されていた。その上で、悟性によるデータ処理にあたって、カテゴリーが必ず用いられる、というのがカントのモデルだった。ヘーゲルにおいては、この前提が崩れている。このため、カテゴリーのあり方も変わらざるを得ないように思える。

第二の理由は、ヘーゲル哲学の中で、カテゴリーがそれ自体変遷するものとして描かれているということだ。そうだとすると、経験に先立ち、いかなる場合においても揺るぎなく正しいものとして使用できるカント的なカテゴリーは、ヘーゲル哲学には存在しないように思える。

ア・プリオリなカテゴリーが存在しないという主張は、それほど突拍子もないものではないはずだ。もう一度テレビの事例で考えよう。カテゴリーがア・プリオリでなかったとしても、この事例で、「物事には原因がある」という考え方を放棄すべきだということになるわけではない。依然として、「物事には原因がある」という考え方は重要であり、私たちの経験の多くを成立させているものであるから、こんなことで簡単に放棄すべきではない。しかし、「何があっても絶対に放棄されることはない」というのは言いすぎだろう、というのが、私がヘーゲルに帰属させる主張である。

科学の発展の歴史は、この考えに説得力を与える。現代物理学では、「時間は常に誰にとっても同じ速さで進む」ということが否定されている。相対論によれば、光の速さに近い速度で移動する人にとっては、時間の進み方が遅くなるとされる。クリストファー・ノーラン監督の映画『インターステラー』（二〇一四）では、宇宙飛行のミッションに従事する間に、子どもたちに年齢を追い越されてしまう主人公を取り巻くドラマが描かれたが、理論的にはそのようなことが本当に起こり得るのである（ただし、「ネタバレ」を避けるため詳しくは書けないが、映画の中には実際には不可能な部分もある）。科学の進歩が私たちの経験の枠組みそのものを大きく塗り替えてしまうこうした事例を前にすると、人類の知識がさらに発展したときに、原因と結果という概念そのものが覆されることが絶対にないとまでは言い切れない、と思われてくる。

科学は実験や観察といった経験によって成り立つものである。カントのように、カテゴリーが厳密な意味で経験に先立つア・プリオリなものだと考えるならば、カテゴリーは科学がどんなに進歩しても絶対に覆されないということになるだろう。これに対してヘーゲルの認識論は、場合によってはカテゴリーが放棄されることもあり得るという、柔軟な考え方を許すものなのではないか、というのが私の考えである。

繰り返しになるが、仮にこれが正しいとしても、現代を生きる私たちの日常的な経験にとって、因果関係が特別なものであるということは変わらない。それは依然として、私たちの経験のほとんどが共通して持っており、それゆえ経験を成り立たせている思考様式であり続ける。それでも、未来永劫絶対に変わらないと考えるのは言いすぎなのではないか。カントの言うア・プリオリ性は、そのような強すぎる主張を含んでいるのではないだろうか。これに対してヘーゲルのように考えれば、そのような強すぎる主張を回避できるのである。

ヘーゲルとカントの対決のまとめ

ヘーゲルがカントの認識論をどのように受容し、どのような点を批判したかを論じてきた。最後に、その全体像をもう一度まとめておこう（**図7**）。

まず、ヘーゲルは「超越論的統覚」に関するカントの考えを受け入れていた。つまり、客観的な認識のためには、それまでの一連の認識を振り返って、整合性をチェックするはたらきが必要だという考えを、ヘーゲルはカントから学んでいた。このはたらきがあることで、経験は錯覚や夢にはない客観性を獲得できる。

次に、ヘーゲルは、「直観的悟性」が存在すると主張し、感じる能力としての「感性」と、考える能力としての「悟性」を峻別するカントの考えを批判した。私たちの経験を、感性が受け取る「生のデータ」と、悟性によるその加工に分けることはできない。データの受け取りと加工は常に不可分な仕方で、一つの能力によって遂行されるというのがヘーゲルの考えである。

最後に、ヘーゲルは、経験に先立つア・プリオリなカテゴリーが存在するという考えを否定する。ヘーゲルの考えでは、因果関係のようなカテゴリーすら、経験によって変わることがあり得る。確かにカテゴリーは私たちの経験の多くに共通し、それらを成り立たせているものではある。しかしカントのように、カテゴリーは経験に先立ち、それゆえ未来永劫変わらないようなものである、とまで言い切ることはできない。

図7

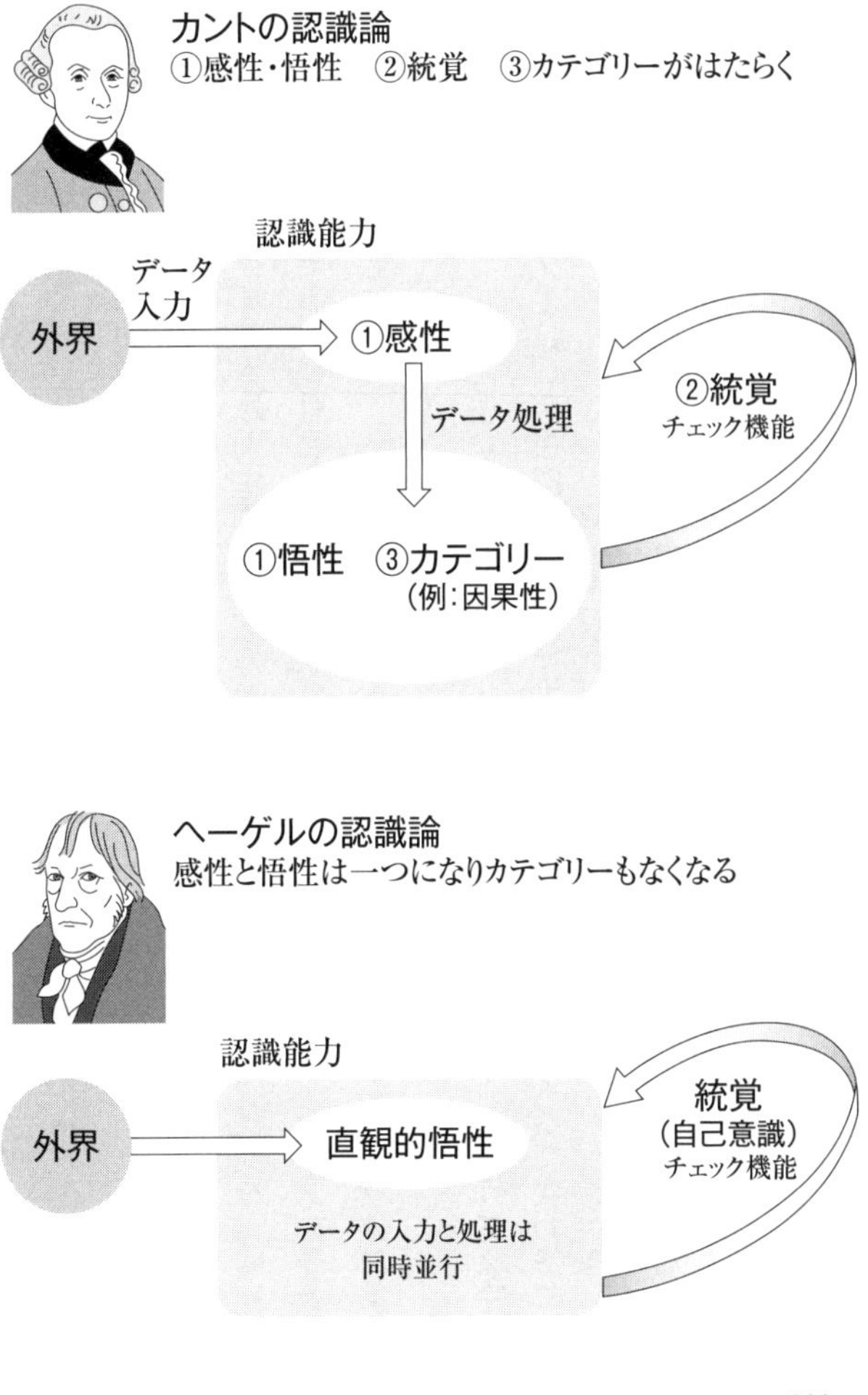
カントの認識論
①感性・悟性　②統覚　③カテゴリーがはたらく
認識能力
データ
入力
外界
①感性
データ処理
①悟性　③カテゴリー
（例：因果性）
②統覚
チェック機能
ヘーゲルの認識論
感性と悟性は一つになりカテゴリーもなくなる
認識能力
外界
直観的悟性
データの入力と処理は
同時並行
統覚
（自己意識）
チェック機能

四　認識論から得られる思考のヒント

認識論を役立てる

これまで、敢えてややこしいところにまで踏み込んでカントとヘーゲルの認識論を紹介してきた。ここからは、認識論の知見をどのように役立てることができるかについて考えてみたい。

認識論が私たちの日常生活とどう関わるかを考えるためには、そもそも認識論の問いがどのようなモチベーションのもとに問われてきたかを考えてみるとよい。認識論では、私たちの認識は本当に正しいと言えるのか、また正しいと言えるとしたらそれはなぜか、ということが問われている。このようなことが問われるのは、正しい認識にたどり着きたい、というモチベーションに哲学者たちが突き動かされてきたからである。

ところで、正しい認識にたどり着きたいと願うのは、哲学者だけではないだろう。日常生活の中でも私たちは、なるべく正しい認識を持ちたいと考える。普段から意識していなかったとしても、間違うよりは正しいほうがよい、ということを否定する人はいない。正しい認識があってこそ、適切な行動を起こすことも可能となる。

正しい認識に至るためには、二つのことが必要だ。第一に、常に新たな情報を得て、知見を更新し続けなければならない。そのために例えば私たちは本や新聞を読み、テレビのニュースを見る。あるいはインターネットのニュースサイトにアクセスする。ビジネスにおいても、市場調査のような形で情報を収集することは非常に重視されている。

第二に、経験を通じて自分の認識の誤りを発見し、修正していくことが必要である。自らを成長させること、と言い換えてもよい。哲学者の議論を参照するまでもなく、私たちの認識はしばしば誤る。天気が曇りだと考えて玄関のドアを開けてから、雨が降っていると気づいたりする。新たな仕事を身につける際には、上司や先輩に誤りを指摘してもらい、修正することで成長できる。誤りが発見され修正されるのは、個人の認識だけではない。多くの人が正しいと考えている「常識」すら移り変わる。これにうまく対応して認識を修正できなければ、時代に取り残されてしまうだろう。

これらの二点について詳しく見ることで、ヘーゲルの認識論から学べる観点についてヒントを提示して、本章を締めくくりたい。

情報とどう付き合うか

まず、情報との付き合い方について考えてみよう。

カントは、情報を受け取る（「感じる」）能力やそのプロセスと、情報を処理する（「考える」）能力やそのプロセスを分けて理解しようとした。これに対してヘーゲルは、これら二つの能力やプロセスを分けることはできないと主張したのだった。その理由は、全く解釈を加えられていない「生のデータ」というものを、私たちは認識したりイメージしたりすることができないからであった。

情報の受け取りと処理が常に同時に、不可分な仕方で進行しているという考え方は、我々の日常生活にも示唆を与えてくれるだろう。我々は日々、ニュースやＳＮＳから情報を得ている。しかしその情報は、マスメディアやＳＮＳのユーザーによって解釈を加えられた情報である。この問題は、「メディアリテラシー」の問題としてすでによく知られるようになっている。マスメディアやＳＮＳの情報に触れるときには、編集されて見えなくなっている情報はないか、あるいは特定の立場からの見方が強調されすぎていないか、注意する必要があるとしばしば言われる。

それだけではない。私たち自身も、その情報を受け取った瞬間に、何らかの解釈を加えている。自分自身で、情報にバイアスをかけながら受け取ってしまっている可能性があるのだ。

これを自覚することは、メディアリテラシーと同じくらい、いや、それ以上に重要である。なぜなら、既存のメディアのバイアスを疑うメディアリテラシーだけでは正しい認識にたどり着くことはできないからだ。インターネットの発展によって、この傾向は近年、より顕著になりつつある。昨今では、メディアリテラシーの考え方が浸透した結果、マスメディアの見方を否定するインターネット上のブログや動画サイトの情報が、マスメディア以上にバイアスがかかった怪しい情報であるにもかかわらず、「マスメディアのバイアスを排除した真実」であるかのように見なされる、という逆説的な現象が頻発している（しばしば「ネットで真実」等と揶揄される）。

二〇二〇年のアメリカ大統領選挙では、トランプ大統領（当時）やその支持者たちが、「選挙は不正である」という根拠のない情報をインターネット上で流布させ、アメリカ国会議事堂が一時占拠される事件にまで発展した。日本のニュースでも「陰謀論」という言葉や、インターネット上で陰謀論の震源地となったとされる「Qアノン」が話題になっていた。

あるいは、新聞やテレビが政治家の失言を取り上げたときに、政治家本人や支持者が「一部を切り取った恣意的な報道であり、発言の全文を読めば真意が伝わるはずだ」と反論するのが、現代では一種の紋切り型となっている。しかし私が見る限り、このような反論を受けて実際に全文を見てみても、失言は依然として失言である場合もしばしばある。森喜朗《もりよしろう》東京オリンピック・パラリンピック組織委員会会長（当時）が女性蔑視の失言で辞職に追い込まれた事件においても、森氏を支持する者の中には「全文を読めば差別的でないとわかる」という根拠のない主張を繰り返す者もいた。これらの例は、注意深くマスメディアのバイアスを排除したはずが、「マスメディアは間違っている」という別のバイアスに捕まってしまった例だと言える。

私の考えでは、このような「メディアリテラシーの逆説」とも言うべき事態が生じるのは、人々がどこかに「一切のバイアスを排除した真実」があると信じているからである。しかし、そのような「バイアスのない真実」があると信じることは、ヘーゲルが批判した「処理の加わらない生のデータ」があると信じ込むことにほかならない。実際には、そのような「バイアスのない真実」など存在しない。正しい認識にたどり着こうとするなら、情報を受け取ることとそれを処理することが不可分であること、それゆえ、全ての情報は、自分の目で見た情報でさえ、「処理済み」の情報、何らかのバイアスが加わった情報であるということを自覚しなければならない。

変化にどう対応するか

二つ目の論点に移ろう。私たちは日々、新しい事態や時代の変化に直面し、それに対応しながら生きている。うまく対応できることもあれば、失敗することもあるだろう。そして、失敗から学び、成長することで、同じようなことがもう一度起こったときにうまく対処できることもある。

ヘーゲルの認識論は、いかにして正しい認識に至ることができるのかを探究した理論であった。正しい認識は、時々《じじ》刻々《こくこく》と変化する私たちを取り巻く状況への対応の基礎となるものだ。そして、認識は全く新たな状況に直面すればしばしば誤る。新型コロナウイルスをただの風邪のようなものだと考えたり、仲良くなれそうだと思った新しい上司があとになって馬の合わない人だとわかったりする。このような日常生活の一つ一つの場面で、「認識」は重要な役割を果たしているのである。

認識論と私たちの日常生活との接点は、これだけではない。カントにおいてもヘーゲルにおいても、統覚による「振り返り」が重視されていたが、このことは認識論から教訓を得る上で重要だろう。正しい認識に至るためには、新たに得られた情報と、これまで自分が持っていた様々な考えとの整合性を考えなければならない。これを通じて情報を取捨選択し、これまでの認識に誤りがあればそれを正す。これこそが、状況についての正しい認識と、巧みな対応の基礎となるはずだ。

ア・プリオリな概念とア・ポステリオリな概念についてのカントとヘーゲルの議論も示唆に富んでいる。カントは、私たちの認識の中に、私たちの思考様式を形作っているア・プリオリなカテゴリーと、それ以外のア・ポステリオリな認識があると考え、両者を分けるべきだと主張した。カントがこう考えたのは、現実を認識していく際の確実な基礎として、経験に先立ち、経験に左右されない思考様式が必要だと考えたからである。

一方、ヘーゲルは、ア・プリオリなカテゴリーがもつ思考様式としての地位を相対化することで、カントの理論を修正した。ヘーゲルによれば、ほとんどの経験を形作るような思考様式としてのカテゴリーが仮にあるとしても、それは絶対に変更され得ないものではない。他の認識と比べて相対的に変更されにくいだけである。カントが言うような確実な基礎としてのア・プリオリなカテゴリーは存在しないし、存在しなくても問題がない。ヘーゲルによれば、むしろそのようなものを考えることが誤りである。

ここから私たちが得るべき教訓は二つある。一つは、「思考様式」を形作るようなコアとなる考え方と、それ以外の認識はある程度区別できるということだ。私たちが持っている考えの中には、思考様式を形作る強固なものと、それほどでもないものがある。そして、私たちは新たな状況に直面した際に、私たちのコアとなっている思考様式を適用することで、素早く状況に対応できる。例えば顧客からの要求を既存のパターンに当てはめて考えることで、迅速な対応が可能になる場合がある。

もう一つの教訓は、思考様式そのものも状況に応じて変わることがあり得るし、変えていかなければ正しい認識に至ることはできない場合があるということだ。これまでと全く異なる状況に直面した場合には、思考様式が先入観となって、適切な対応を妨げることもある。この場合、思考様式そのものを変更しなければならない。

そして、私たちは実際に、思考様式の適用と、思考様式そのものの変更を柔軟に組み合わせて行いながら生きている。例えば全く新たな部署に異動する場合のことを考えてみよう。これまでの思考様式を適用できる場面と、これまでの思考様式が通用せずに全面的に考えを改める場面が両方あるだろう。これをうまく行うことができれば、様々な場面に臨機応変に対応できるオールラウンダーとして高い評価を得ることが可能になる。オールラウンダーに必要な能力を、認識についての哲学的な議論を通じて言い当てることができるのである。この知見を上手に活かせば、読者の皆さんもオールラウンダーとして活躍できるはずだ。こうしてここでも、私たちの日常生活の中で哲学的な知見を役立てることができる。

「これまでの思考様式をそのまま適用するべきか、それとも思考様式そのものを変えるべきか」をその都度考えるというのもまた、本書で強調してきた「考え抜く力」の一つの形態である。過去の思考様式にこだわって硬直的な思考や行動を繰り返してはならない。他方で、新たな情報に簡単に飛びつきすぎるのもよくない。ここでも「考え抜く力」を持つ人は、安易な結論に飛びつかずに、両者の間で辛抱強くバランスを取って考え続けることができる人なのである。

第六章 「歴史」を考え抜く

一　歴史をめぐる論争

歴史の役割

本章では、「**歴史**」の問題を扱う。ヘーゲルの歴史哲学は、ヘーゲル哲学の代名詞としてしばしば取り上げられるほど有名である。また、ヘーゲル哲学を離れても、歴史はそれ自体、興味深い哲学の主題でもある。ここではまず、私たちの日常生活において、歴史がどのような役割を果たしているかを考えてみよう。

歴史のもつ様々な役割のうち、最も身近なのは、娯楽としての役割であろう。ＮＨＫの大河ドラマをはじめ、歴史に題材を得た娯楽作品は例に事欠かない。ドラマだけでなく、時代小説や歴史を題材としたマンガ作品などもいくらでも挙げることができる。皆さんにもお気に入りの作品があるのではないだろうか。

娯楽として享受されているのは、歴史を題材としたフィクションだけではない。文庫・新書等で書かれた歴史書も、しばしば娯楽として読まれている。私も、趣味として、西洋史の新書を読むことがよくある。西洋哲学の研究者であるからもちろん実益を兼ねた趣味ではあるが、研究上の必要に迫られてというわけではなく、純粋に内容に興味を持って読んでいる。

また、歴史は観光資源にもなる。全国各地に様々な史跡があり、多くの観光客が訪れる。ここでも、歴史は娯楽として、人々の心を楽しませてくれる。

消費者としての観点から娯楽としての歴史について思いつくままに列挙してみたが、これは見方を変えれば、歴史関連コンテンツが大きなマーケットを形成しているということでもある。メディアから旅行に至るまで、私たちの経済の至る所に歴史はある。この一点だけをとってみても、歴史というものがなければ、私たちの生活は全く違ったものになっていたとわかるだろう。

他方で、歴史は政治や外交の場面でも重要な役割を果たす。過去の歴史は、一国の将来や他国との関係に、しばしば甚大な影響を与える。

日清戦争から第二次世界大戦へと至る侵略戦争の歴史は、現代においても日本の外交に深い影を落としている。日本に暮らす者であれば、隣国であり多くの点で利害を同じくするはずの韓国との経済的な連携においてまで、過去の歴史が悪影響を及ぼしていることを知らない者はいないだろう。日韓関係以外にも、様々な場面で、歴史は外交問題を引き起こしたり、逆に外交カードとして利用されたりしている。

内政においても、歴史はしばしば重要な役割を果たす。日本における最も典型的な例は天皇制だろう。天皇が現代の日本で持っている「象徴」としての権威を、歴史と切り離して考えることは不可能である。「将来、女系の天皇を容認すべきか否か」のような、国民論を二分する問題も、天皇家の歴史との関係で生じている。これ以外にも、少数民族の問題や、日本であれば沖縄のように長きにわたって異なる統治機構を有していた地域とそれ以外の地域の関係の問題など、歴史と切っても切り離せない政治システムや政治問題は枚挙にいとまがない。

しかも、いま例に挙げた日韓関係や天皇制の問題は、しばしば国民の間でも意見が対立すると同時に、話題に挙げることすらタブー視されがちな、非常にデリケートな問題でもある。これは、歴史が国家のあり方の根幹にまで関わっており、それゆえに私たちの日々の生活にも影響を与えているからであろう。

歴史は経済や政治において大きな役割を果たしているだけでなく、学問的な研究の対象でもある。歴史学という学問領域は、人文社会系の学部において花形の一つだ。日々、歴史の実際の姿が探究されている。歴史関連の娯楽コンテンツにおいても、政治判断の場面においても、その研究成果が参照され、活用される。

ところで、近代的な学問としての歴史学は、意外にも比較的新しい学問である。もちろん、歴史を書き残すという営みは、古代から行われてきた。しかし、近代的な歴史学の方法論を確立したと言われる大歴史学者ランケが活躍したのは十九世紀の半ば、ヘーゲルより少し下った時代のことだ。それ以後にも、歴史学は様々な論争を経ながら、姿を変え続けている。その変遷の過程で、歴史学は様々な哲学的な問題と対峙してもいる。そこで、ヘーゲルの歴史哲学へと話題を移す前に、歴史をめぐって現代まで続く論争に少し目を向けてみたい[41]。

事実をめぐる論争

歴史をめぐる論争の中には、歴史的な事実をめぐる論争がある。これは、ある歴史的な出来事が本当にあったのかどうかに関する論争である。

例えばヘーゲルの死因は伝染病のコレラであったと言われている。しかし、ヘーゲルが本当にコレラで亡くなったのかどうかについては、研究史の中で疑問が呈されてきた。当時の

41　現代の歴史哲学・歴史学の哲学については、野家啓一『歴史を哲学する——七日間の集中講義』（岩波現代文庫、二〇一六年）、A. Tucker(ed.), *A Companion to the Philosophy of History and Historiography* (Wiley-Blackwell, 2008) が参考になる。本書で現代の歴史哲学について論じるにあっては特に、後者に収められた、P. Kosso"Philosophy of Historiography"(pp. 9-25) を参考にした。

医師が死因をコレラだと診断したことは確かではあるのだが、その診断が正しかったか否かに疑問の余地があるからである。

日本の読者になじみ深いのは、古代日本の邪馬台国《やまたいこく》がどこにあったのかをめぐる論争であろう。本州の関西に近い地域にあったとする畿内《きない》説と、九州にあったとする九州説の間の論争は、長きにわたって続いてきた。また、すでに触れた第二次世界大戦までの時期において、日本がどのような侵略行為を行ったのかについての議論はしばしば、政治や外交にまで影響を与える論争の火種となってきた。こうした論争は、例えば従軍慰安婦問題の存在そのものを否定するような歴史修正主義的な主張と結びつき、単なる外交問題を超えて、倫理的・人道的な問題をも引き起こしてきた。

このように、歴史をめぐっては、本当は何があったのかという、歴史的**事実**のレベルで論争が生じることがある。しかもこれは決して珍しいことではない。むしろ、歴史的事実を一つに定めることそのものに困難が伴うということは、歴史から切り離すことのできない特徴だとすら言える。歴史的事実は、このような困難を乗り越えて探究されねばならない。また、特定の政治的イデオロギーと結びついて歴史的事実が改ざんされる危険が常にあるということにも、十分注意しておく必要があるだろう。

解釈と説明をめぐる論争

どのような歴史的な事実があったのかについての見解が一致していたとしても、その事実についての**解釈**や**評価**が異なり、論争となることもしばしばある。例えば、フランス革命は、近代の民主主義的・自由主義的な社会の扉を開いた出来事の一つと見なされることもある。しかし、革命の結果としてフランスは、政府に反対する者が捕らえられてギロチンで処刑される恐怖政治に陥ったり、ナポレオンが台頭して、皇帝を頂く君主制の国家に逆戻りしたりした。つまり、同じフランス革命という出来事に対して、フランス社会を混乱に陥れたという解釈も可能なのである。

様々な歴史的な事件について、同様に解釈が異なる例を探すことは困難ではないだろう。本能寺の変で明智光秀《あけちみつひで》が織田信長《おだのぶなが》を謀殺《ぼうさつ》したのはなぜか。コロンブスは人類の文明の発展を可能にしたのか、それともヨーロッパによるアメリカ大陸への侵略という人道に反する行為の一端を担った人物なのか。中国・清朝の西太后《せいたいごう》は、清朝の滅亡を招いた人物なのか、それとも難局を迎えた王朝において懸命に舵取りを行った人物なのか。歴史上の人物や出来事には常に、毀誉褒貶《きよほうへん》がつきまとう。

同時に、どの出来事を歴史上重要と見なすかについても、解釈が入り込む余地がある。ヘーゲルが『精神現象学』を書いたことは、世界史の中に記録されるべき出来事だろう。しかし、私が本書を書いたことは（もちろん本書が多くの方に読まれることを願ってはいるが、それでも）、ヘーゲルによる『精神現象学』の執筆に匹敵する世界史上の事件にはなり得ないように思われる。歴史記述においては、全ての出来事を記述することができない以上、様々な出来事について、その重要性を評価し、取捨選択しなければならないのである。

このことはまた、「どんなテーマについての歴史を書くべきか」という問題にも関わってくる。しばしば指摘されることだが、歴史とは長らく、為政者の歴史であった。誰が、どのような政治体制によってどのように国を統治したのかということが、歴史記述の主要な関心だった。これに対し、現代の歴史学では、為政者だけでなく、市井の人々の生活もまた、歴史記述の対象となっている。例えば現代では江戸時代の日本の農民の生活がどのようなものであったのかということが、徳川吉宗《とくがわよしむね》がどのような統治を行ったのかということと同じくらい重要なトピックと見なされるが、こうした生活史への注目は比較的新しい歴史学のトレンドと言える。

歴史の客観性と主観性

歴史やその記述をめぐる諸論争は、哲学的な諸問題とも深くつながっている。歴史の中の哲学的諸問題についての探究は、伝統的には「**歴史哲学**」と呼ばれる。これに加えて近年では、歴史学の方法論についての哲学的探究である「**歴史学の哲学**」も注目を集めるようになってきている。

歴史学の哲学で扱われる代表的な問題に、歴史の客観性がある。これまでにも見てきたとおり、歴史的事実を確定させることには困難が伴う。しかも、事実をある程度確定させることができたとしても、それを記述しようとすれば主観的な解釈や評価がどうしても入り込む。ここから、客観的な歴史などあり得ないのではないか、という問いが生じてくる。

しかしそうは言っても、「歴史は徹頭徹尾、主観的なものだ」と考えることもできない。もし歴史が全て主観的なものであるならば、歴史を正しく記述しようとする試みは全て無駄だということになりかねない。正しい歴史、客観的な歴史などなく、記述する人の主観によって歴史はどうとでもゆがめられ得る、ということになってしまいかねないからだ。これでは学問として歴史を探究することは不可能になる。また、歴史が政治や外交において果たす役割を考慮するなら、歴史的事実をゆがめて権力やイデオロギーを強化しようとする者を止めることもできなくなるだろう。

したがって、**歴史は完全に客観的なものではあり得ないが、しかし単なる主観的なもの、恣意的に変更可能なものでもない**、ということになる。こうした問題を考えるためには、哲学的な道具立てがどうしても必要になる。

歴史に法則はあるのか

歴史に法則はあるのかということも、しばしば歴史哲学において問題となってきた。例えば政治史においては、様々な政治権力が出現し、繁栄し、そして衰退してきた。中国の諸王朝、古代ギリシャ・マケドニアのアレクサンドロス大王の王国、古代ローマ帝国、近代の大英帝国等々の繁栄と衰退の歴史の中に、私たちは一つのパターンを見出したくなる。このパターンは、法則と呼べるようなものなのだろうか。もし法則と呼べるのなら、現代におけるアメリカを中心としたグローバルな民主主義・自由主義・資本主義の体制にも、同様に法則が当てはまるのだろうか。当てはまるとしたら、将来におけるグローバル資本主義体制の終焉を予測することはできるのだろうか。

歴史は法則にしたがっており、それゆえに予測することが可能であるということを哲学史上最も強く主張したのは、マルクス主義の歴史哲学であろう。マルクス主義においては、資本主義経済から社会主義経済への移行は法則にしたがって必然的に生じるとされた。この理論はソ連の崩壊をもって破綻が宣告されたと見なされることがほとんどであるが、東西冷戦時代の東側世界においては無視できない影響力を持っていた。

現代においては、歴史における法則やその必然性と、自然科学における法則やその必然性を比較するというアプローチによって、歴史の法則という考え方についての哲学的探究がなされることもある。自然科学の法則の多くにおいては、全く同様の事象が何度も生じるということが想定されている。例えば、乾いた木材が燃えるのは、木材に含まれる炭素や水素が酸素と結びつくときに、激しい熱や光を放つからだと説明される。この説明において、炭素や水素、そして酸素の原子一つ一つの違いが問題にされることはない。それらは基本的に均質なものだと考えられる。

これに対して、歴史においては、説明に登場するのは例えばローマ帝国や江戸幕府や大英帝国である。これらは炭素や水素の原子と違って、均質ではなく、一つ一つ異なる性質を持ったものである。したがって、自然科学のように対象を均質と見なすアプローチで、歴史の法則を組み立てることは難しい。そこには何らかの違いが認められるはずである。歴史についての哲学的探究は、その違いを言い当てることを目指すものでもある。

このような考え方からすれば、歴史は必然的に展開するがゆえに未来を予見することもできる、という意味での、マルクス主義的な歴史の法則性・必然性は否定されることになるだろう。実際、歴史はマルクス主義が説くようには進まなかった。社会主義の試みは失敗に終わり、現代でも日本をはじめとする国々では資本主義のシステムが存続している。

ところで、歴史に法則性・必然性を見出すマルクス主義の考え方の源流には、ほかならぬヘーゲルの歴史哲学があるとされる。ヘーゲルはしばしば、歴史が目的論的な必然性をもって進行するという誤った考えを持っていたとされる。次節ではこの点を検証してみよう。

二　ヘーゲルの歴史哲学

ヘーゲル入門は『歴史哲学講義』から？

歴史の哲学は、弁証法の思想と並んで、ヘーゲル哲学の代名詞のように扱われることがある。ヘーゲル哲学に入門しようとして、岩波文庫の『歴史哲学講義』を手に取ったことのある読者もいるかもしれない。実は学生時代の私もその一人であった。高校時代に世界史が好きだった私は、中国の古代文明や十字軍といった慣れ親しんだテーマがヘーゲルの手で描き出されていく様に興奮を覚えたものである。

ヘーゲルの歴史哲学は、すでに軽く触れたとおり、世界史の必然的・目的論的・法則的展開を説くものとして知られている。初めてこの話題に触れる読者のために、もう少し詳しく紹介しておこう。ヘーゲルによれば、世界史は中国に始まり、インドや中東を経てヨーロッパへと至る。そして、ヘーゲルの生きた西洋近代においてその頂点へと達する。このようなヘーゲルの歴史観は、「中国では一人が、インドでは数人が、西洋では全ての人が自由である」という言葉に表れている、と言われることもある。

しかし、私はいま、ヘーゲルの歴史哲学がこのようなものとして紹介され、かつ、歴史哲学こそヘーゲルの思想の神髄であり、入り口としても最適である、と主張されることは、あまり望ましくないと考えるに至っている。なぜなら、ここでヘーゲルに帰属させられている、十九世紀前半のヨーロッパこそが世界史の到達点だという思想は、二十一世紀の日本を生きる我々にとっては到底、受け入れがたいものだからだ。

「ヘーゲル哲学の神髄は歴史哲学にある」と学び、さらに、「ヘーゲルの歴史哲学はヨーロッパを頂点とする進歩史観である」と学んだならば、大抵の人は、「ヘーゲルは現代でも読まれるべき価値を持つ哲学者だ」とは、もはや考えなくなるだろう。「ヘーゲル哲学はヨーロッパ中心主義を主張する傲慢な思想である」とか、「ソ連をはじめとする社会主義国家の失敗を導いた、葬り去られるべき過去の思想である」、と考えるのが普通ではないだろうか。こうして、多くの向学心あふれる読者たちは、ヘーゲル哲学と不幸な出会いを遂げてしまう。

ヘーゲルは何を言ったのか

ヘーゲルの歴史哲学は、哲学史上重要な役割を果たしたが、現代の観点からは到底、受け入れがたい学説である。少なくとも哲学史の教科書に書かれるヘーゲル歴史哲学の姿は、このような結論を導きかねないものだろう。

しかし本書では、このような結論に安易に飛びつくことは避けたい。その前に、ヘーゲルが歴史哲学において何を論じようとしていたのか、より詳しく検討してみたい。これを通じて、ヘーゲルの主張の中に混在する、首肯できる主張と、現代では受け入れられない主張の両方を洗い出すことを目指す。[42]

ヘーゲルが目指したのは、世界の歴史を「**精神の自己把握**」のプロセスとして理解することである。これが哲学史の教科書では「世界史とは世界精神の自己展開である」というヘーゲルの学説として紹介されたりする。これはいかにも荒唐無稽な主張に思える。まるで、「世界精神」という、何か怪物のようなものが存在するようにすら思えてしまう。このような印象に引きずられると、ヘーゲルの歴史哲学について理解することは難しくなる。しかしここでヘーゲルを簡単に見限らず、精神ないし世界精神とは一体何なのか、と問い返すことこそ、哲学的に真摯な態度であろう。

精神とは何なのだろうか。これはさしあたり、私たち人類を集団として捉えた呼び方だと言うことができる。したがって、世界史が精神の自己把握のプロセスだ、というヘーゲルの主張は、人類は世界史を通じて、「人間とは何か?」の探究を深化・発展させ続けてきた、という主張として理解できる。この描像は、世界精神という怪物のようなものの発展過程というイメージとは大きく異なっている。人間は有史以来、「人間とは何か」、「人が生きるとはどういうことか」を知りたいと願い、それを把握しようとし続けてきた。このことをヘーゲルは、「世界精神の自己展開」と呼んだのである。

42　以下で取り上げるのは『歴史哲学講義』の議論のうちごく一部にすぎない。全体像をつかめる本には、権左武志『ヘーゲルとその時代』（岩波新書、二〇一三年）がある。

人は歴史に学ばない？

ヘーゲルが世界史の哲学をどのようなものとして位置づけていたのか、という問いに関連して、しばしばヘーゲルの名言として取り上げられる、「**人は歴史に学ばない、ということを我々は歴史から学ぶ**」という言葉について考えてみたい。この言葉は、歴史に学ぶことのできない人間の愚かさをシニカルに指摘したものだと一般に思われているようだ。しかし、この理解は正しくない。

当該の言葉を、前後の文脈を含めて確認してみよう。ヘーゲルがこの言葉を発するのは、歴史から「道徳的反省」や「道徳的教訓」が得られるという考えにコメントする際のことである。ヘーゲルは、「善人の例は人を感動させる」ということや、「子どもたちに道徳の授業をするときに、子どもたちに素晴らしいものの印象を与えるために、善人の例が用いられる」場合があることを指摘する。確かに、歴史上の偉人の逸話をもとに、子どもたちに人としてのあるべき姿を提示するような教育法は現代の日本でも見られる。ヘレン・ケラーや二宮尊徳《にのみやそんとく》といった偉人のエピソードを考えればよいだろう。

しかし、ヘーゲルによれば、このような仕方で歴史を利用することは、歴史が本来関わる

「民族や国家の運命」とは別の分野でのことにすぎない。これを主張する文脈で出てくるのが、よく知られた「人は歴史に学ばない」という言葉である。正確にはヘーゲルは次のように述べている。

君主や政治家や民族に対して、歴史の経験に学ぶべきだという指摘がなされることがある。しかし、経験や歴史が教えることは、民族や君主が歴史から何かを学ぶということは決してなかったし、歴史から引き出されるような教訓に従って行動することも決してなかった、ということである。

ヘーゲルは続けて、このように考える理由を述べている。

それぞれの時代にはそれぞれ固有の事情がある。また、それぞれの時代状況は、個別に異なる状況の中で、その中から現れて来ざるを得ないし、その中からしか現れて来ようがないのである。世情が急迫しているときには、一般的な原則は助けにならないし、似たような状況の記憶も助けにはならない。なぜなら、生気を失った記憶のようなものは、

現在の生々しさや自由さに対抗する力を持たないからである。[43]

ここまで読むと、ずいぶん印象が変わる。「人は歴史に学ばないということを人は歴史から学ぶ」という名言風の引用からは、ヘーゲルがここで、「実際には歴史に学ぶべきときに、人は愚かにもそれを無視する」というシニカルな警句を発しているような印象を受ける。しかし、実際にはヘーゲルはむしろ、「人は歴史に学ぶようなことをすべきではない、なぜならそれでは現実に対処できないからだ」と積極的に述べている。ヘーゲルはここで、そもそも過去の歴史的な重要事件が起こったときと現代では状況が違うのだから、過去から教訓を安易に引き出そうとしてもそれは無理な話だ、と指摘しているのである。

ヘーゲルはなぜこのようなことを言うのだろうか。私の考えでは、ヘーゲルが「歴史に学ぶべきだ」という考えを否定するのは、歴史に学ぶべきだという考えの裏に、「歴史を通じて変わらない、普遍的で永続的な行動の原則のようなものがある」という考えが隠れているからだ。

第一章で私たちは、私たちの生き方を考える際に、その時々の社会を常に考慮しなければならない、とヘーゲルが考えていたことを見た。第一章では、「内省のみにもとづく道徳や自律が可能だ」とするカントの考えを、ヘーゲルがこのような観点から退けたということを論じた。歴史から学ぶことを否定するヘーゲルの態度は、この考えを反映しているのではないだろうか。そうだとすると、ヘーゲルは一貫して、現実の状況を考慮せずに一般原則から行動するということを非難しており、歴史に学ぶ態度は、これに準ずるものとして否定されているということになる。

ここに、歴史についてのヘーゲルの捉え方の一端を見て取ることができる。それは、歴史における「変化」を重視する捉え方である。ヘーゲルは、歴史において変化を捉えることを最重要のことと考えていた。「歴史に学ぶ」態度への批判は、歴史の中に現代と同じものをむやみに見出そうとする態度への批判である。したがって、歴史を探究する際には、現代と同じものではなく、違うもの、変化したものにこそ注目しなければならないとヘーゲルは考えていたことになる。

43　G. W. F. Hegel, *Vorlesungen über die Philosophie der Geschichte(Werke 12)*, Suhrkamp, 1986, S. 17. 訳は変えてあるが、岩波文庫版（ヘーゲル『歴史哲学講義』長谷川宏訳、一九九四年）では、上巻の一八－一九頁に対応する。なお、よく引用される文言を参照するという意味で、いわゆる旧版の全集から引用した。

トマス・ホッブズ（1588 ～ 1679）
John Michael Wright による肖像画

歴史と自由

ヘーゲルは世界史を、我々人類が人間とは何かを捉えようとする発展の過程として理解しようとしたのだった。このように言うときにヘーゲルが特に重視したのが、人間の**自由**である。人類の歴史を通じて、自由とは何かという問いについての議論が深められてきた。そして、我々は自由についてのより高次の理解を少しずつ得てきた。

ヘーゲルにおいて、この理解が、ヨーロッパ中心主義的な進歩史観と結びついていたことは否めない。アジアよりもヨーロッパにおいての方が自由についての理解が進んでおり、この点でヨーロッパの民族はアジアの民族より優れているとヘーゲルは考えていた。こうした考えは、少なくとも現代的な観点からは、人種差別的との非難を免れ得ないものであろう。

しかし、このようなヨーロッパ中心主義的な見方と切り離して、歴史と自由を結びつける考え方そのものの意義を問うことは依然として可能だ。ヘーゲルはなぜ歴史と自由を結びつけようとしたのだろうか。これを正しく理解するためには、トマス・ホッブズに代表される**社会契約論**の思想とヘーゲル歴史哲学の関係について理解する必要がある。

社会契約論とは、社会や国家は「社会契約」によって成り立っている、とする考え方である。これは近代社会の基礎をなしてきた議論であり、中学校や高校の社会科の授業でも必ず扱われるトピックである。社会契約論にはいくつかのバリエーションがあるが、どのバリエーションにおいても、人間は自然状態において自由であり、自然権を持っているとされる。自然状態における自由は、人の物を奪ったり、人を殺したりする自由を含む。人はこのような危険を逃れるために国家による自由の制限を受け入れる。この自由の制限を受け入れるという約束のことを「社会契約」と呼ぶ。

ここで社会契約論が、ヘーゲルとは全く異なる仕方で自由を位置づけていることに注目してほしい。社会契約論においては、人間は歴史の始まりにおいて最も自由であった。そして、国家の成立はこの自由の制限だとされた。これに対して、ヘーゲルにおいては、人類の歴史によって自由が実現される、と考えられている。自然状態においては人間は本当は自由ではなく、歴史が進展し国家が成立した状態においてこそ自由が可能になる、というのがヘーゲルの考えである。

図8

どちらが「自由」だろうか?

両者の最大の違いは、人間観の違いではなく、何を自由と呼ぶかの違いである。ヘーゲルも、社会契約論も、国家の成立以前には無秩序な奪い合い・殺し合いの状態があったと考える。そして、国家や社会が成立したことで人々は行動の制約と引き換えに、ある程度の安寧を得るとされている。このような人間観は両者に共通している。他方で、社会契約論では無秩序状態が自由だと言われ、ヘーゲルにおいては国家の成立以後こそが自由だとされる（**図8**）。

ここでは、ヘーゲルと社会契約論者のいずれの自由観をとるべきかという難問には立ち入らない。その代わりに、さしあたり、どちらの見方にも一定の説得力があるということを確認することで満足しよう。自然状態においては、文字通り何でもすることができる。この状態が自由だとする社会契約論の考えは、ある程度納得できるものである。

他方で、ヘーゲルのように考えるならば、他人から何をされるかわからない状態は、自由とはほど遠い。明日の命があるかどうかわからない状態を自由と呼ぶことなどできない。国家や社会において、人と人との健全な関わり合いの中でこそ、人間の自由は実現される。この考えも、決して非常識なものとは思われない。

この対比はまた、「自然」と「精神」を対比させるというヘーゲルが好んだ枠組みにも合致している。ヘーゲルに言わせれば、自由はすぐれて人間的なものである。ヘーゲルはこれを「精神的なもの」と表現する。これに対して、社会契約論者の言う自由は、非人間的なもの、いわば獣の自由である。ヘーゲルはこれを「自然」と呼ぶが、奇しくもこのような自由が成り立っている状況は、ほかならぬ社会契約論者によって「自然状態」と呼ばれていた。

したがって、ヘーゲル的な自由観と、社会契約論における自由観の対立は、自由を人間的、精神的なものと捉えるか、動物的、自然的なものと捉えるかの対立でもある。

ヘーゲルはこのような理路で、「自由は歴史や社会・国家の形成を通じて獲得されるべきものだ」と主張する。しかし、逆に社会契約論者の側からは、「このような自由観は権力者に都合のよい虚構であり、人間もまた動物であるということから目を逸らせる欺瞞《ぎまん》だ」と批判されるかもしれない。こうして、歴史と自由の関係をめぐる問題は、**人間とは何か、自由とは何か**という、哲学の根本問題の一つに直接つながっている。

民族の興亡としての世界史

これまで、歴史とは何か、また、歴史は自由とどう関わるか、という観点から、ヘーゲルが歴史について何を述べたかを紹介してきた。ここからは、ヘーゲルが実際の歴史の進行をどのように分析したかに光を当ててみたい。世界史について講義するヘーゲルの叙述において目を引くのは、いかにして民族や国家は繁栄し、そして没落するのか、という問いへの深い関心である。すなわち、ヘーゲルにおいて世界史における変化とは民族の興亡であり、それを描き出すのが歴史書だと理解されている。中国、インド、イスラム世界、ギリシャ、ローマはなぜ繁栄し、そしてなぜ衰退したのか。これを明らかにすることが、世界史の哲学の課題とされている。

ヘーゲルは、民族の興亡には一定のパターンがあるとする。ある民族が発展するとき、その民族は自らの「民族精神」を現実世界にもたらす。すなわち、民族が発展するときというのは、一定の理念に突き動かされて、それを次々と実現しているときである。この発展の段階が終わると、停滞期が生じる。停滞期には、理念はもはや生気を失い、形骸化した仕組みや決まりだけが残る。このような時期のあとには、形骸化した仕組みに疑問を抱き、新たな理念を実現しようとする人々が出てくる。こうした人々が新たな理念を実現させようとすると、現実の制度との間に軋《きし》みが生じて、これに耐えられずにその民族の時代は終わる。

ヘーゲルによれば、民族を滅亡へともたらす変化は、思考の力によって生じる。人間は、目の前の現実を生きるだけでなく、思考を通じて、本来はどうあるべきなのかということに思いを致すことができる。この思考の力によって、現実世界を揺るがす新たな理念が発見され、これによって歴史は必然的な仕方で進行してゆくというのである。

ヘーゲルのこのような見方は、現代の観点から見ると問題含みだと言わざるを得ないだろう。ここでは主要な問題を三点指摘したい。第一に、専ら民族の興亡としてのみ歴史を理解していることは、現代から見ると視野が狭すぎる。第二に、歴史を動かすのは思考の力だけではない。様々な物理的な、したがって人間とは関わりのない制約も、歴史を動かす重要なファクターである。第三に、歴史の進行には偶然の要素が多数含まれる。ヘーゲルの言うように、思考の必然的な力だけによって歴史が進行するわけではない。

世界史と民族の興亡をめぐるヘーゲルの議論にはこのように問題も多いが、それは依然として興味深いものでもある。なぜなら、世界史のような大規模かつ長期のプロセスではなく、より小規模な組織の発展と衰退の説明に、ヘーゲルの考えた枠組みがよく当てはまるように思えるからだ。これについては後ほど、より詳しく論じたい。

アジア軽視問題と講義録研究の成果

ヘーゲルは民族の興亡としてのみ世界史を描こうとしたが、このことによっていわばとばっちりとも言える低い評価を受けることになったのがアジアである。ヘーゲルの哲学的な歴史理解においては、中国は千年以上も昔にインドやイスラム世界に世界史の主役の座を譲ったことになっている。したがって中国はそれほどの長きにわたって停滞し続けていたことになってしまう。これは、中国よりもさらに東に位置する日本に住む我々にとって、看過し得ない欠点であろう。

この点についてはしかし、近年になって見直しの動きがある。そして、この見直しの動きを理解するには、一九八〇年代以来ヘーゲル研究の根幹を揺るがしてきた事件に言及せねばならない。

晩年、ベルリン大学に勤めていたヘーゲルは、著作や論文ではなく、専ら講義によって自らの思想を展開した。この時期の講義には、『美学講義』や『哲学史講義』、『宗教哲学講義』等があり、『歴史哲学講義』もここに含まれる。これらの講義を弟子が書き取って編集したものが、死後にヘーゲル全集として出版された。それ以来長きにわたって、弟子が編集した講義録が、ヘーゲルの晩年の思想を知るための一次資料として用いられてきた。日本語に訳されているヘーゲルの著作の多くも、この弟子による編集版の講義録である。多くの日本の読者に愛読されてきた、岩波文庫に収められている『歴史哲学講義』もそうである。

しかし、二十世紀の後半になって、これらの講義録がヘーゲルの実際の講義からかけ離れていることが知られるようになった。ヘーゲルの死後に広く流通したヘーゲル全集は、ヘーゲルが毎年行ってきた講義を切り取ったり貼り合わせたりして、パッチワーク的に組み合わせて編纂されたものだったのである。近年、本来の講義により近い講義録が文献学的考証を経て公刊されたことによってその実態が明らかになった。『世界史の哲学講義（上）／（下）ベルリン　1822／23』（講談社学術文庫、二〇一八年）の訳者でもある伊《い》坂《さか》青《せい》司《し》が指摘するとおり、これは、「これまで人口に膾炙してきたヘーゲル歴史哲学のイメージを塗り替えるほどのインパクト」を持つ出来事である。[44]

しかしながら、このことを考慮に入れても、ヘーゲルが歴史哲学講義ないし世界史の哲学講義において、ヨーロッパ以外の地域を軽く扱っていることは否定できない。伊坂は、一八二二年から二三年にかけて行われた世界史の哲学の初回講義に、アジアについての比較的詳しい議論が含まれていたことを強調している。しかしこの事実は裏を返せば、ヘーゲルは晩年になればなるほど、世界史の哲学におけるアジアの役割を軽視するようになった、ということを示唆してもいるように思われる。ヘーゲル歴史哲学の中のアジアという問題は、継続して検討されなければならない。

私は、ヘーゲルにおけるアジアという問題を正しく理解するには、歴史哲学講義だけを見るのではなく、美学講義や宗教哲学講義といった、ヘーゲルが並行して行っていた講義を同時に視野に収める複眼的な研究が必要だと考えている。下田和宣は、宗教哲学講義において、アジアの宗教についてのヘーゲルの洞察が深まり、講義が充実していく様子を明らかにしている[45]。これは、歴史哲学講義において、アジアに関する記述が減少していくのと対照的に思える。こうした研究は未だ発展途上であるが、アジアの位置づけという慎重な取り扱いを要する問題について考える際には、こうしたヘーゲルの思考の動きを総体として捉えていく必要があるのではないだろうか。

　また、こうしたことを考慮に入れてもなお、ヘーゲルが「ヨーロッパの方がアジアよりも優れている」と考えていたことを完全に否定することはできない。せいぜい、これまでに思われていたのと比べればアジアのことも高く評価していた、と言えるにすぎない。このことは、ヘーゲル哲学の限界として銘記されねばならないだろう。

認識論の歴史への応用

　これまで、ヘーゲルの歴史哲学の特徴について考えてきた。しかし、私たちが歴史について考えるにあたっては、歴史哲学以外の場面でヘーゲルが述べていることからも得られるヒントがある。それは、すでに前の章で見た認識に関する議論の中にある。

　ヘーゲルは、単にデータを入手するだけでなく、入手したデータについて思考することが、客観的な認識にとって不可欠であると論じているのであった（詳しくは第五章を参照）。これと同じことは、歴史の認識についても言えるだろう。

44　伊坂青司「ヘーゲル「世界史の哲学講義」研究の新段階――新版と旧版を比較して」（『ヘーゲル哲学研究』第二六号、こぶし書房、二〇二〇年、二四頁）。
45　下田和宣『宗教史の哲学――後期ヘーゲルの迂回路』（京都大学学術出版会、二〇一九年）。

歴史上何があったのかを知るためには、データが必要である。この重要性はいくら強調しても強調しすぎるということはない。しかしながら、データをもとに過去に何があったかという判断を下すためには、そのデータを適切に処理しなければならない。このデータを処理するプロセスは、主観性や恣意性が入り込む危険を含んでいる。しかしながら、この危険を完全に取り除くことは不可能である。むしろ、データの処理にこのようなバイアスが入り込みかねないことを自覚した上で、歴史と向き合うことこそが、我々に求められる態度であろう。これは歴史的事実の取り扱いに関してしばしば言われることではあるが、ヘーゲル哲学からも、この点に関する示唆を得ることができる。

ヘーゲル歴史哲学とは何であったか

これまで論じてきたヘーゲル歴史哲学の実像について、ここでいったんまとめておこう。ヘーゲルの歴史哲学は、人間の自由がいかにして実現されるのか、という自由論としての側面を色濃く持っている。その際、自然と精神を対比して、後者の精神と自由を結びつけて理解するべきであることが強調される。この主張は、自然状態に自由を見ようとする社会契約論への批判を含んでいる。したがって歴史哲学講義においてヘーゲルは、「自由」という、人間にとっての根本的な問題を、歴史を通じて考えようとしたと言える。

他方で、ヘーゲルの歴史哲学には現代の目から見れば欠陥と言わざるを得ない特徴も多い。民族を単位として、その興亡としてのみ歴史を見ようとするヘーゲルの態度は、現代の歴史学の知見からするとあまりに一面的である。また、全貌は未だ不明であるが、歴史哲学において、アジアを軽視するヨーロッパ中心主義的な側面があることを完全に否定することも難しい。

こうしたことを考慮すれば、歴史哲学講義は決してヘーゲル入門にふさわしい書物ではない、と結論せざるを得ないだろう。ヘーゲルの叙述の意図を正しく理解するには、自由や精神、また自然についてのヘーゲルの考えをある程度知っていなければならない。また、研究者の間でも未だ全貌が明らかになっていない、講義録の編集に関する問題も、歴史哲学講義には含まれている。一見とっつきやすいように見える歴史哲学講義だが、この著作だけを読んでも、ヘーゲル哲学がどのようなものかをつかむことは難しいのである。

そうは言っても、こうした困難さを含むヘーゲルの歴史哲学からも、我々が得られる教訓はある。次節では、現代の私たちがヘーゲルの歴史哲学から取り出し得る教訓について考えてみる。

三　歴史とどう付き合うか

私たちの自由はどこからきたのか

本章の流れを振り返っておこう。第一節では、歴史というものに関する一般的な問題について論じた。そして第二節では、ヘーゲルの歴史哲学の特徴について論じた。最後の節となるこの第三節では、ヘーゲル歴史哲学の検討を通じて得られた知見から、現代の私たちの歴史との付き合い方に関して、どのような教訓が得られるかを考えたい。

ヘーゲルの歴史哲学の最も重要な洞察は、私たちの自由の源泉は歴史にあるという考え方である。ヘーゲルは、社会契約論に見られる、人間が自然状態で自由であったという考え方を否定するのであった。ヘーゲルによれば人間は、初めから自由であったのではない。人間の自由には、歴史を通じて獲得されてきたものだと言いたくなる側面がある。

ここではこのヘーゲルの洞察から、二つの教訓を取り出してみたい。第一の教訓は、**歴史は単なる過去の人々についての物語ではない**ということである。歴史を、現代に生きる我々から切り離して捉えることはできない。なぜなら、歴史上の出来事は全て、現代の私たちのあり方を左右しているからである。しかもそれは、単にどの国が経済的に豊かであるかというようなことが過去の歴史に左右されているという意味にとどまらない。そもそも人間とは何かということの根幹に関わる、自由とは何かということが、歴史との関わりなくしては理解され得ないのである。したがって、人間とは何かを理解するために、歴史について理解することは欠かせないということになる。

第二の教訓は、**私たちは自由が歴史を通じて形成されてきたものであることを自覚し、自由とは何かということを考え続けなければならない**、ということである。私たちは普段、自分たちが基本的には自由であるということを確信して生きている。自分のことは自分で決めることができるし、社会制度から様々な恩恵を享受する権利も持っている。しかしながら、このような形態をとる自由は、初めから人間に与えられていたものではなく、歴史を背景に成立している、とヘーゲルは我々に教えている。しかも、好むと好まざるとに関わらず、現代の我々が享受する自由が、西洋近代の産物であることも否定できない。この意味で私たちは、一人一人が、歴史を背負いながら自由に生きていると言える。

このことは、現代の我々の行動の一つ一つが歴史となり、将来の人間の自由を形作っていくということをも意味しているだろう。現代は、グローバル化と脱グローバル化がせめぎ合う歴史の転換点であるということがしばしば叫ばれる。私たちの子どもや孫の世代、またさらなる未来の世代において、人間の自由がどのようなものとなるかは、現代の私たち一人一人の行動にかかっている。なぜなら、そこから生み出される歴史こそが、将来の人間の自由の基礎となるからである。

組織論としての興亡論

第二節で私は、歴史を民族の興亡の歴史としてのみ捉えていたことが、ヘーゲルの歴史哲学の欠点だと指摘した。しかしながら、別の観点から見ると、この議論は私たちにとって示唆的である。民族やその精神の興亡をめぐるヘーゲルの議論は、世界史の構成単位としての民族というよりむしろ、より小さな組織に当てはまるように思われるからである。

ヘーゲルは、ある民族が勃興するときには、その民族は自らが大切に思う理念を次々に実現するのだと論じていた。そして、衰退するときには、初めは理念を実現するものであったはずの様々な制度が形骸化し、本来のあり方から外れてしまうのだとされた。こうした発展と衰退のサイクルは、世界史上の民族や国家以上に、企業やプロジェクトチームなどの、私たちにとってより身近な組織に当てはまるのではないだろうか。

企業やプロジェクトチームは、何か実現すべき理念があって組織される。そして、その理念に沿って、製品やサービス、あるいは制度などを構築する。企業やプロジェクトが発展していくときには、理念を現実化するという組織の機能が最もよく発揮され、それによって次々と新たな価値が創出される。しかしながら、こうした発展は無際限に続くわけではない。時が経つにつれて、企業やプロジェクトを維持することが自己目的化するということが生じてくる。こうなると、本来実現すべきであった理念が忘却され、組織が形骸化してしまう。こうして、企業やプロジェクトは危機に陥る。

このような危機的状況への処方箋も、ヘーゲル哲学から引き出すことができる。すなわち、「思考」へと立ち戻ることである。危機を脱するための糸口は、その企業やプロジェクトが実現すべき理念、もたらすべき価値とは何であるか、ということに立ち戻って思考することによって得られるはずである。ヘーゲルの民族の興亡についての分析は、このように、組織論としての観点から見るならば、読まれる価値があるものだと私には思われる。

客観的な歴史記述はあり得るか

最後に、「完全に客観的な歴史、真実の歴史はあり得るのか」という、歴史の哲学の中心問題について改めて考えてみよう。ヘーゲルの歴史哲学講義の中にこの問いの答えを見出すことは難しい。なぜならヘーゲルの歴史哲学講義における中心的な関心は、「人間とは何か」、「自由とは何か」という問いとの関わりで歴史を理解することであり、客観的な歴史の可能性について論じることではなかったからである。したがってヘーゲルは歴史哲学講義において、今日の歴史哲学でしばしば問われる、客観的な歴史記述は可能かという問題をそもそも主題的に問うてはいないのである。

しかしこのことは、ヘーゲル哲学からこの問題にアプローチすることが全く不可能であるということを意味してはいない。すでに指摘したとおり、一つ前の第五章で見た、認識論に関するヘーゲルの議論を応用することで、客観的な歴史は可能かという問いへの解答を試みることは十分可能だからである。

歴史の客観性に対する疑義が生じ得るのは、私たちが過去の出来事を直接体験することができないからである。過去に実際に何が起こったのかについて、私たちは史料を通じて間接的に知ることしかできない。しかも、全ての史料が残されているわけではない。時の権力者にとって都合が悪いと思われたために、また、そもそも重要と思われなかったために書き残されなかった事実もある。あるいは、史料が散逸して残されていない場合もある。火事や腐食によって史跡が物理的に損壊してしまい、もとの姿を復元することが困難である場合もあるだろう。こうした様々な事情から、私たちが歴史上の事実にアクセスするための証拠は断片的なものとならざるを得ない。

また、この章の前半でも指摘したことだが、歴史を記述することは、不可避的に、様々な歴史上の事実の中から重要なものとそうでないものを選別することを含んでしまう。例えば、天皇のような重要人物の家系については、かなりの程度まで詳細にたどることが可能である。他方、私たち一般市民一人一人の家系を江戸時代以前までたどることには、非常に大きな困難が伴うだろう。なぜなら、天皇家の家系がどうであったかという事実に比べて、私のような一般市民の家系がどのようであったかという事実は重要でないと判断されるからである。こうした判断は、主観的なものではあるが、必ずしも完全に排除すべきものではなく、むしろどうしても避けられないものである。歴史上の事実全てを記述することなど不可能であることは、哲学的な考察によらずとも自明であろう。取捨選択はどうしても必要なのである。

しかし、これらの困難はいずれも歴史に特有のものではない。ヘーゲルの認識論も、このことを私たちに教えている。歴史上の事実に関する証拠が断片的であらざるを得ないのと同様、自分たちの目の前で進行している出来事についても、私たちは完全なデータを入手することはできない。それゆえ、一部のデータから推論せざるを得ない。また、歴史上の事実を記述するにあたって、「何を記述すべきか」という判断が入り込むのと同様に、私たちの通常の認識にも、「何が重要なデータであり、また、データ相互はどのように関係しているのか」ということを確定させる、データ処理としての思考のはたらきが入り込んでいる。このようなはたらきなしに、客観的な認識は成立し得ないのである。歴史上の事実の客観性についても、同じことが言える。

もちろんこのことは、どんな判断を下してもかまわないという「開き直り」が許容されることを意味してはいない。思考のはたらきが入り込まざるを得ないからこそ、「それは本当に客観的な認識と言えるのか、慎重さを欠いた勝手な判断が入り込んではいないか」ということは繰り返し点検されなければならない。このはたらきの重要性も、第五章で見たように、ヘーゲルがカントの認識論から受け継いだ観点であった。このことは、歴史上の事実についての認識に関して、より強調されなければならないであろう。データがより不完全で、より多くの判断が入り込む余地があるからこそ、慎重かつ丁寧な点検が常に求められるのである。

このように考えるならば、歴史学的な認識に主観的な要素が入り込むということは、初めに思われたほどには深刻な問題ではないように思われてくる。どんな認識にも主観的なものが入り込むのだとすると、歴史学的な認識がある程度主観的なものとなるのは当然だ、ということになるからである。そこにあるのはせいぜい程度の違いにすぎない。ただし、歴史記述には主観的なものが入り込む余地が通常より大きく、このためよりいっそうの慎重な判断が求められるということは言えるだろう。

歴史を考え抜く

本節で述べてきた全てのことは、あやふやさ、曖昧さから逃げずに、思考を深め続けなければならない、辛抱強く考え続けなければならないという、本書で強調してきたヘーゲルのメッセージに連なっている。

人間とは何か、自由とは何かという問いが、歴史とつながっているからこそ、私たちは歴史についても、自由についても、自分たちの問題として考え続けなければならない。組織の運営にあたっては、本来の目的、企業やプロジェクトの理念が何であるのかということを思考し続けなければならない。そして、歴史上の事実に関する認識についても、常に慎重な点検を繰り返さなければならない。

こうした思考を続けることは、決して快適なことではない。むしろ考えれば考えるほど、足下が不安定になるような不快な感覚に襲われるだろう。それでも、そこから逃げることは許されない。思考することの不快さに辛抱強く耐えて考え抜くことによってしか、私たちは前に進むことができないのである。

おわりに　考え抜く人になるために

考え抜く人になる

本書が目指したのは、ヘーゲルの思考を追いかけることを通じて、読者の皆さんに「考え抜く」ことの重要さを感じていただき、また、自ら考え抜くためのヒントを見出していただくことであった。本書を締めくくるにあたって、どのようなトピックがあったか、改めて振り返ってみよう。

第一章から第六章まで、それぞれ「生き方」「学問」「存在」「本質」「認識」「歴史」というテーマを扱ってきた。途中かなり抽象的な議論に踏み込んだ箇所もあったが、そうした議論についても、必ず「どう役立てられるのか」「どんな教訓が得られるのか」ということに引きつけて、ヘーゲルの思考から何かヒントをつかんでいただけるような叙述を心がけてきた。

これらの議論を通覧することで目指したのは、ヘーゲルの思考の「くせ」をつかめるようにすることである。ヘーゲルの思考は、いつもどこか「どっちつかず」である。

例えば、生き方について考えた際には、先輩であるカントの思考が、社会に影響されない内省へと向かったのに対して、ヘーゲルの思考が、内省を重視しながらも実際の社会の様子にも目を配るという「どっちつかず」の方向に向かうのを見た。

本質について考えた際には、物事の本質を見極めるためには、結局現れを見なければならないが、しかし現れをしっかり把握するには、本質があると想定しなければならない、という仕方で、抽象的なレベルでもこの「どっちつかず」の思考をヘーゲルが貫いていることも確認した。

本論の中でも述べたが、私はこのような**どっちつかずの姿勢の中に、ヘーゲルの「考え抜く力」を見出したい**。ヘーゲルという哲学者の思考は、常にあっちに行ったりこっちに戻ったりしながら、前言撤回を繰り返して進んでゆく。これがヘーゲル哲学をとっつきにくいものにしてもいる。しかし、ヘーゲルのこの姿勢から私たちは多くのことを学べるはずだ。

「はじめに」でも述べたが、これはヘーゲルの思考法として知られる「弁証法」の本当の姿でもある。弁証法についても、第四章の途中で見た「アウフヘーベン」についての通俗的な説明として紹介したのと同様の説明がされることが多い。すなわち、大福とイチゴを組み合わせてイチゴ大福を考案する場合のように、二つのものや考え方を組み合わせて折衷案を作る方法論だと言われることがしばしばある。しかし、実際のヘーゲルの弁証法的な思考は、A案とB案から手っ取り早く折衷案を作るような思考と言うよりは、いつまでもA案とB案の間で悩み続けるような思考である。

このような思考法が常に有効なわけではない。ビジネスの現場では、もっとスピード感を持って意志決定しなければならない場面の方が多いだろう。しかし、ドラスティックに変化し続ける時代に適応し続けるためには、時間というリソースをたっぷり使って、A案とB案の間で悩み続けなければならない場面も必ずある。**普段の迅速な意志決定のモードとは別に、じっくりと悩み続ける思考のモードを持てるということは重要である。**

「はじめに」でも述べたように、すぐに結論が出ない苦しみに耐えた人だけが、全く新たな発想を生み出すことができる。だからこそ、「考え抜く力」は社会人基礎力として掲げられてもいるのだ。本書を読んだ皆さんにはぜひこの力を身につけ、ここぞというときに発揮してほしい。

考え抜くためのさらなるステップ

さて、本書では、「結論が出ない、どっちつかずの状態に耐えて悩み続けること」が重要だと強調してきた。柔軟な発想で新たな価値を生み出すための最初のステップとして、また、人生の様々な場面で凝り固まった思考に陥らないためのお守りのような思考法として、これを理解することが非常に重要だと考えたからだ。

しかしそうは言っても、悩み続けるだけでは前に進めないのもまた事実である。安易に結論を出そうとしないことは重要だが、しかしそのまま最後まで何の結論も出さずにいられるわけではない。そこで最後に、「悩み続けること」の先にある、考え抜くためのさらなるステップについて少し考えてみたい。そのためのヒントも、これまでに見てきたヘーゲル哲学の中にある。

悩み続ける力を柔軟な発想へとつなげるために重要なことを、ここでは二つ挙げたい。第一に、常に新たな知識を採り入れ続けることである。そして第二に、知り得たこと同士の結びつきを考えることである。順に説明しよう。

新たな知識を採り入れる

第一の、「常に新たな知識を採り入れ続ける」というステップについて。本質について論じた第四章では、あるものの本質について知るためには、次々と現れるそのものの新たな側面を丁寧に見ていかなければならないと指摘した。また、認識について論じた第五章では、新たな事態に対応する際に、これまでのやり方を適用することと、やり方そのものを改良することの両方の選択肢を視野に考えなければならないと論じた。これらの論点には、新たな知識を学び続けることが重要であるという教訓が含まれている。ヘーゲルその人も、新たな知識を学び続けた人であった。第二章では、自然科学の隆盛に対応して、ヘーゲルが科学と哲学の関係について論じていたことを見たが、ヘーゲルはそのために自分でも熱心に科学を学んでいた。

ところで、「常に新たな知識を採り入れ続ける」ことが重要だという指摘は、それほど目新しいものではないかもしれない。特に、「ヘーゲル哲学」とタイトルに含まれるこの本を手に取った読者の皆さんは（仮にこの「おわりに」から読み始めていたとしても!・）、新たな知識を採り入れることに積極的な方々であることだろう。この意味でここでの私の目的は、皆さんに目新しい戦略を提示することよりもむしろ、皆さんがすでに持っている学ぶ姿勢を後押しし、エールを送ることにある。ぜひ学び続ける姿勢を持ち続けてほしい。

その上で、さらに学び方のコツを二つお伝えしよう。一つ目は、インターネットと書籍をうまく使い分けることである。インターネットの利点は、手軽に検索して情報を得られる点にある。一方で欠点は、質の高いものから低いものまで極端に玉石混淆であることと、もし「玉」を引き当てたとしても、断片的な情報しか得られないことである。書籍はその逆だ。

インターネットほどの手軽さはないが、比較的質が高い情報が多く、しかもその情報が体系的に提示されている。特に近年のインターネットには広告収入を狙った情報の少ないサイトが乱立しており、書籍を読む方がかえって手早く知識を得られるようになってきている。

二つ目のコツは、読書の際には、同じ分野についての本を複数、できれば三冊以上読むことである。複数読むことで、その分野の著者がそろって重視していることがわかってくる。どんな本にも良くも悪くも著者の「くせ」が出るものだが、一冊だけ読んでもそれに気づくのは難しい。しかし、複数の本を読むと、どこが著者の「くせ」で、どこがその分野の共通認識なのかを区別できるようになってくる。こうなれば、多くの著者がそろって言及する内容は、その分野において特に重要なことだとわかる。また、個々の本の長所と短所についても的確に判断できるようになる。

なお、この点からすると、同じ著者が書いた本だけを何冊も読むという読み方はそれほどおすすめできない。もちろん何冊も読んでもよいのだが、問題はその著者の本「だけ」を読むことだ。様々な著者の本を読んでこそ、複数の著者に共通して重視されていることは何か、また、自分が気に入っている著者の長所と短所は何かということを理解できるようになる。

最近は哲学分野でも、初学者にも読みやすく興味深い本が続々と出版されている。本書を読み終えたら、そうした本へとぜひ進んでみてほしい。

知識の「結びつき」を考える

第二のステップは、「知り得たこと同士の結びつきを考えること」だった。第一ステップで様々な知識を採り入れたら、今度はそれらの結びつきを考えるのがよい。あるいは知識同士だけでなく、新たに得た知識と、自分の経験を照らし合わせてみるのもよい。これによって、それまでにない柔軟な発想が可能になる。

知識同士を結びつけることの重要性は、「はじめに」でも触れた、「アナロジー思考」の考え方にも重なる。アナロジー思考とは、一見すると全く異なるように見える分野の知識の間に似た構造を読み取ることによって、全く新たな発想、ブレイクスルーやイノベーションをもたらすことを指すのだった。

ヘーゲルも、様々なトピックに共通する構造を取り出すことを得意とした人である。本書ではあまり詳しく触れられなかったが、人間の思考と自然のあり方、そして国家や社会の成り立ちの間に共通する構造を見出し、それを哲学体系として提示しようとした。また、ヘーゲルに比べるとむろん見劣りするが、私も本書の中で、ヘーゲルによって言われていることを、現代のビジネスパーソンにとって身近な事例に結びつけることを試みてきた。これをアナロジー思考の実践例と見ることもできる。

本書を読み終えた皆さんにも、知識と経験を結びつけることに挑戦してみてほしい。まずは、本書から学べたことを自分の経験と結びつけてみよう。それが、新たな発想に至るための次のステップとなるはずだ。

あとがき

本書で私は、「どっちつかずに耐える」ことの重要さを訴え、それが弁証法という考え方の肝であると述べてきた。ところで本書はそれ自体、対立するかに見える二兎を追った「弁証法」的な本である。一羽目のウサギは、日々ビジネスの現場で生きる皆さんにとって、「面白く、かつ、ためになる」書物とすることである。そして二羽目のウサギは、そうは言ってもヘーゲル哲学の専門家として執筆する本なのだから、ヘーゲルとともに哲学したという爽快感が味わえる書物とすることである。

これは野心的で危うい試みであっただろう。というのも、悪い意味で「どっちつかず」な、すなわち、ビジネス書としても哲学書としても中途半端な本になりかねないからだ。それでも私は、二兎を追うことにこだわることにした。なぜなら、本書を手に取ってくださる読者がいるとすれば、それはまさにこの二つのニーズを同時に満たしてくれる本を探している方ではないかと考えたからである。書店で新書の棚の前を訪れる方々の多くは、日々働きながら、仕事や人生に役立つヒントを探すビジネスパーソンであろう。他方で、その棚から哲学者ヘーゲルの名前を冠した本を手に取る方がどんな方かといえば、それは哲学への興味や憧れのようなものを持ってくださっている方であり、また、即効性のあるテクニックよりもむしろ、生き方や考え方の深いレベルでヒントを求めている方であろう。専門の研究者として、光文社新書というビジネスパーソンに多く読まれているレーベルに一冊を加える機会をいただいたからには、そうした方のニーズにどうにかして応えたいと考えた。

さらに、本書には「三羽目のウサギ」もいた。それは、ヘーゲルの「気持ち」をつかんでいただける本にすることである。本文を読まれた方には同意いただけると思うが、ヘーゲルの文章は異常なまでに難解である。哲学の古典の中には、いきなり原典にあたってもそれなりに楽しく読めるものと、いきなり読んでも全く歯が立たないものがあるが、ヘーゲルは明らかに後者である。ヘーゲルの「気持ち」にならなければ、ヘーゲルを読むことはできない。そんなことを言われても困ると言われてしまうかもしれないが、事実そうなのである。省略や独特の言い回しも多い上、同じ言葉を異なる意味で用いるレトリックも多用されるため、一語ずつ意味を確定させるという戦略もうまくいかず、事典の類いすらもそれほど頼りにならない。それゆえヘーゲルを読むには、ヘーゲルの「気持ち」を教えてくれる本の手助けを受けることがどうしても必要だ。その一助となれればと考えた。

一方で、本書で目指さなかったこともある。それは、ヘーゲル哲学の全体像を提示することである。彼の生涯についてもごく簡単に紹介しただけであるし、主要著作の中でも『法の哲学』には全く触れられなかった。伝統的によく取り上げられてきたトピック、例えば「実体＝主体説」や「主人と奴隷」のようなトピックにも触れられなかった。それは一方ではそういった点に目配せしすぎると「玄人向け」の本になってしまうからでもあるし、最初に「気持ち」をつかんでおくことが、その後により広くヘーゲル哲学を学ぶにあたっても近道になると考えたからでもある。ヘーゲルの全体像を知りたい読者は、本書だけで満足せず、他の本にも進んでほしい。

最後に、本書の執筆に携わってくださった皆さんに感謝を述べたい。まずは、博士論文を書き上げたばかりの私に声をかけてくださった、光文社の古川遊也さん。古川さんがいなければ本書はなかった。第五章に出てくる、後楽園でお会いした編集者が古川さんである。その後、編集を引き継いでくださった、同じく光文社の永林あや子さん。永林さんには、原稿全体に目を通していただき、読者の皆さんにより親しんでいただける本となるよう、様々なご提案をいただいた。また、初めに私に声がかかったのは、本書に先立って『「問い」から始まる哲学入門』（光文社新書）を上梓された景山洋平さんに名前を挙げていただいたためだと伺っている。景山さんにもこの場を借りてお礼を申し上げたい。また、葛谷潤、酒井健太朗、長門裕介、中根杏樹、濵本鴻志、萬屋博喜の各氏（五十音順）には、本書の一部または全部を読んでコメントをいただいた。本書の「二兎を追う」スタンスをご理解いただき、多数の有益なコメントをくださったことで、本書はずっと良いものになった。改めて感謝を申し上げたい。

二〇二一年十月三十一日

川瀬和也

川瀬和也（かわせかずや）

1986年、宮崎県生まれ。宮崎公立大学人文学部准教授。2009年、東京大学文学部思想文化学科哲学専修課程卒業。2014年、東京大学大学院人文社会系研究科博士課程修了。博士（文学）。専門はヘーゲル哲学、行為の哲学。東京大学大学総合教育研究センター特任研究員、徳島大学総合教育センター助教などを経て現職。日本ヘーゲル学会理事。著書に『全体論と一元論——ヘーゲル哲学体系の核心』（晃洋書房）、『ヘーゲルと現代思想』（同、共著）などがある。2017年、論文「ヘーゲル『大論理学』における絶対的理念と哲学の方法」（『哲学』第68号）にて日本哲学会若手研究者奨励賞受賞。

ヘーゲル哲《てつ》学《がく》に学《まな》ぶ　考《かんが》え抜《ぬ》く力《ちから》

2022年1月30日初版1刷発行

著　者 —— 川瀬和也
発行者 —— 田邉浩司
装　幀　　 アラン・チャン
印刷所 —— 萩原印刷
製本所 —— ナショナル製本
発行所 —— 株式会社光文社
東京都文京区音羽1-16-6(〒112-8011)
https://www.kobunsha.com/
電　話 —— 編集部03(5395)8289　書籍販売部03(5395)8116
業務部03(5395)8125
メール —— sinsyo@kobunsha.com

ISBN 978-4-334-04585-2

光文社新書

1146
教養としてのロック名曲ベスト100
川﨑大助

現代人の基礎教養、ロック名曲100を、これまでにない切り口で紹介・解説。著者の主観・忖度抜き、科学的な手法で得られた驚愕のランキングの1位は？　サブスク時代に最適のガイド。

978-4-334-04554-8

1147
日本のバドミントンはなぜ強くなったのか？
藤井瑞希

近年、なぜ日本のバドミントンは国際大会で目覚ましい結果を残しているのか。ロンドン五輪女子ダブルス銀メダリストの著者が自身の軌跡を振り返りながらその強さの秘密を語る。

978-4-334-04555-5

1148
腸と森の「土」を育てる
微生物が健康にする人と環境
桐村里紗

人の不調と、環境の不調は「土」でつながっている——最も身近な自然環境＝「腸内環境」と心身の関係、日々の食事の選択の重要性と方法を『プラネタリーヘルス』の観点から説く。

978-4-334-04556-2

1149
世間体国家・日本
その構造と呪縛
犬飼裕一

この国を支配する「空気の構造」とは？　そして、他人の目が気になるのはなぜ？　家庭で、学校で、社会で、人の心の中で、世間体はどう作用しているのか。歴史社会学者が多角的に考察。

978-4-334-04557-9

1150
「孤独」という生き方
「ありのままの自分」でいることのできる、自分だけの居場所を求めて
織田淳太郎

自らの体験に加え、孤独な生き方を実践する人たちへの豊富な取材を基に、人間の根源的な欲求を突き詰め、真に「生きる」とはどういうことかを考察する実用的ノンフィクション。

978-4-334-04558-6

1151
ニュースの未来
石戸諭

テレビ、新聞、出版…ニュースを巡る環境が悪化するなか、本当にこれらのメディアに未来はないのか。気鋭のノンフィクションライターが、ニュースの本質とその未来に迫る。

978-4-334-04559-3

1152
「ボヘミアン・ラプソディ」の謎を解く
〝カミングアウト・ソング〟説の真相
菅原裕子

同名映画も大ヒットした「過去1000年で最も重要な曲」にフレディ・マーキュリーが込めたメッセージとは。膨大な資料をもとに、近年ささやかれている、ある「仮説」を検証。

978-4-334-04537-1

1153
日本の食と農の未来
「持続可能な食卓」を考える
小口広太

食の大部分を海外に依存している日本。国内の農業は高齢化や後継者不足が進み、待ったなしの状況にある。今、私たちは何を考え、行動すべきなのか。「等身大の自給」について考える一冊。

978-4-334-04560-9

1154
新聞記者、本屋になる
落合博

新聞記者であった著者はいかにしてひとり本屋を始めることができたのか。定年目前の58歳、子どもは3歳、書店員経験は0。第二の人生、妻の反対を押し切っての本屋開業記！

978-4-334-04561-6

1155
ルポ コロナ禍で追いつめられる女性たち
深まる孤立と貧困
飯島裕子

臨時休校、おうち時間、休業補償、テレワーク……。コロナ禍で生じた出来事の多くでより深刻な状況に陥ったのは女性だった。その背景にあるものを、当事者への取材から探る。

978-4-334-04562-3

光文社新書

1161
名画の生まれるとき
美術の力Ⅱ
宮下規久朗

人間にとって必要不可欠な「美術の力」とは？　「名画の中の名画」から「美術鑑賞と美術館」「描かれたモチーフ」「信仰と政治」「死と鎮魂」まで。美術史家と読む、美術の本質に迫る55話。

978-4-334-04568-5

1162
野蛮な大学論
酒井敏

大学人よ、学問の本道に戻って野蛮さを取り戻せ！　「京大変人講座」主宰の京大名物教授が、大学、アカデミズム、教養の本質をズバリ指摘する。豊かな社会のための大学改革論。

978-4-334-04569-2

1163
「問い」から始まる哲学入門
景山洋平

2600年にわたる哲学者の語りあい。そこでは何が問われたのか。なぜ「問い」続けてきたのか――。「問い」の歴史とその意味を知る、不確かな世界を生き抜くための哲学入門。

978-4-334-04570-8

1164
物理学者、SF映画にハマる
「時間」と「宇宙」を巡る考察
高水裕一

フィクションが未来の科学を導く⁉　タイムトラベルから星間飛行まで、物理学者とともに探る一度は夢見たSF世界の可能性。科学の目で見直せば、SF映画はもっと楽しくなる！

978-4-334-04571-5

1165
くじ引き民主主義
政治にイノヴェーションを起こす
吉田徹

民主主義＝選挙ではない。選挙によらない民主主義の形態を歴史的に振り返りつつ、政治参加のための「くじ引き」の可能性を示す。傷ついた民主主義をアップデートする希望の書。

978-4-334-04572-2

1166

なぜ中学受験するのか？

おおたとしまさ

やり方次第で「良薬」にも「毒」にもなるのが中学受験。気鋭の教育ジャーナリストが膨大な取材経験と古今東西の文献から導き出した、中学受験の是非論へのファイナルアンサー。

978-4-334-04573-9

1167

毛

生命と進化の立役者

稲葉一男

えっ⁉ 脳の中の毛？ ウイルスから守る毛？ CO_2で止まる毛？「細胞の毛」研究三〇年のスペシャリストが、生き物や自然、そして私たちの命を支える驚くべきミクロの世界を綴る。

978-4-334-04574-6

1168

肥満・糖尿病の人はなぜ新型コロナに弱いのか

「糖質過剰」症候群Ⅱ

清水泰行

新型コロナのパンデミックや病状悪化の要因となると考えられる糖質の過剰摂取。本書では糖質過剰が新型コロナだけでなく数多《あまた》の疾患の原因となる理由を、最新研究を交え伝える。

978-4-334-04575-3

1169

人生を変えた韓国ドラマ 2016～2021

藤脇邦夫

「愛の不時着」「梨泰院《イテウォン》クラス」「賢い医師生活」「イカゲーム」など世界を席巻するKコンテンツの一つとなった韓国ドラマ。その深い魅力を傑作80選とともに徹底解説！

978-4-334-04576-0

1170

不登校・ひきこもり急増

コロナショックの支援の現場から

杉浦孝宣＋NPO法人高卒支援会

コロナ禍で不登校・ひきこもりの子どもたちは増えただけでなく、可視化されづらくなった。リアルとオンラインを駆使することで前よりもパワーアップした支援現場の知見を学ぶ。

978-4-334-04577-7

光文社新書

1171
保健所の「コロナ戦記」TOKYO2020－2021
関なおみ

'20～'21年にかけ、保健所と都庁の感染症対策部門の課長としてコロナ対策の第一線で指揮を執り続けた公衆衛生医師の記録。国立国際医療研究センター・大曲貴夫氏との対談も収録。

978-4-334-04578-4

1172
火星の歩き方
臼井寛裕
野口里奈
庄司大悟

気球でまわる火星一周の旅から、標高2万m超のオリンポス登山、自然の造形美あふれる極地ツアーまで。3人の研究者による、火星の魅力がとことん詰まったガイドブックの決定版！

978-4-334-04580-7

1173
JJとその時代
女のコは雑誌に何を夢見たのか
鈴木涼美

JJに象徴される雑誌は、なぜ多くの女性の心をとらえたのか。単なるファッション情報だけではない、女性が託したもの、夢見たものとは何か。雑誌の時代への限りない愛着をこめた挽歌。

978-4-334-04583-8

1174
〈問い〉から始めるアート思考
吉井仁実

「問い」は「答え」より大きな力を持つ。生きることは「問い」の模索である――。「目に見えないものを見る」には？ アートディレクターと考える、アイデア&イノベーションの育み方。

978-4-334-04581-4

1175
オリックスはなぜ優勝できたのか
苦闘と変革の25年
喜瀬雅則

下馬評を大きく覆し、2年連続最下位からのペナント制覇は、いかに成し遂げられたのか？ 逆に、なぜかくも長き暗黒時代が続いたのか？ 元番記者が豊富な取材で綴る。

978-4-334-04582-1